LOUISA ★ LORANG

GRILLBAR

LOUISA LORANG

GRILLBAR

Fotos: Anders Schønnemann

Lifestyle
BUSSE
SEEWALD

INHALT

Vorwort

Ich gehöre nicht zu denen, die selbst dann grillen, wenn Winter ist und der Schnee bis zu den Knien reicht. Ich bin eher der bequeme Typ, der findet, dass Grillen zum Sommer gehört, und dass dabei Platz für Sonnenschein, Drinks und schmutzige Kinder sein muss. Das ist es, was das Grillen für mich so besonders macht: das Ungezwungene. Dass man ohne Probleme seine Gäste einspannen kann, wenn der Grill raucht, und Fleisch, Gemüse oder anderes Grillbares bereit ist, darauf gelegt zu werden. Beim Grillen gibt es nicht viele Regeln – man kann das Ganze einfach genießen: Essen, Gesellschaft und noch mehr Essen!
Also hinaus in das gute (oder schlechte) Wetter und angeheizt! Denn jetzt wird alles gegrillt, von Austern und Beefsteaks bis zu Blumenkohl und Longdrinks!

Viel Vergnügen. Und grillen Sie, verflixt noch mal!

Gemüse

Gegrillte Radieschen mit brauner Butter

BEILAGE FÜR 3–4 PERSONEN

Warme Radieschen sind superlecker. Sie sind weniger scharf, werden mild und angenehm. Grillen Sie die Radieschen so, dass sie immer noch Biss haben, und servieren Sie sie als Snack oder als Beilage zu Fisch oder hellem Fleisch. Die Radieschenblätter müssen Sie beim Grillen natürlich nicht dranlassen, das ist nämlich total umständlich … ich habe es hier nur gemacht, weil sie so hübsch aussehen!

150 g Butter
2 Bund Radieschen
Schnittlauchröllchen
Salz

Die Butter schmelzen, bis sie leicht angebräunt ist und nach Butter und Nüssen duftet (das nennt man Nussbutter). Die Radieschen längs halbieren, mit etwas Butter bestreichen und 2–3 Minuten auf den heißen Grill legen.
Die Radieschen mit der restlichen braunen Butter und den Schnittlauchröllchen anrichten und mit Salz abschmecken. Sofort servieren.

Tipp

Verwenden Sie braune Butter auch für gegrillten Spargel, gegrillten Fisch, Kartoffeln, Zucchini oder anderes Lieblingsgemüse.

Gegrillter Spargel mit Hollandaise

VORSPEISE FÜR 4 PERSONEN

Verwenden Sie wie hier sowohl weißen als auch grünen Spargel oder entscheiden Sie sich für eine der beiden Sorten. Ich finde, dies ist eine der besten Vorspeisen für ein sommerliches Abendessen. Der gegrillte Spargel eignet sich aber auch als Beilage, vor allem zu Fisch oder gegrilltem Hähnchen. Wenn Sie in Luxuslaune sind, können Sie etwas Seehasenkaviar darübergeben.

SPARGEL
250 g weißer Spargel
250 g grüner Spargel
Olivenöl
Salz

HOLLANDAISE
150 g Butter
50 ml Weißwein
2 EL Weißweinessig
2 Eigelbe
½–1 TL Salz
etwas Zitronensaft
einige Kerbelblättchen

Den weißen Spargel schälen und die dickeren Stangen, falls nötig, längs halbieren. Die holzigen Enden von weißem und grünem Spargel entfernen und wegwerfen.
Die Spargelstangen in etwas Olivenöl wenden und auf den heißen Grill legen. Sie sollten nur 1–2 Minuten grillen, also seien Sie flink mit der Grillzange. Mit Salz würzen.
Für die Hollandaise die Butter zerlassen. Währenddessen Weißwein, Essig, 50 ml Wasser und Eigelbe in einem Topf mit einem Schneebesen verrühren. Erhitzen und schlagen, bis die Eier etwas eindicken.
Unter ständigem Rühren nach und nach die zerlassene Butter zufügen – verwenden Sie dabei nur die klare Butter und verhindern Sie, dass das Weiße mit in die Sauce fließt. Ein paar Minuten bei schwacher Hitze schlagen, bis die Sauce dick und glänzend ist. Mit Salz und etwas frisch gepresstem Zitronensaft abschmecken.
Den lauwarmen Spargel mit Hollandaise und einigen Kerbelblättchen anrichten und sofort servieren.

Tipp Es ist wichtig, dass der Spargel (oder andere Zutaten) nicht zu heiß ist, wenn Sie die Hollandaise darübergeben. Durch die Hitze kann die Sauce gerinnen.

Gegrillter Caesar Salad

BEILAGE FÜR 4 PERSONEN

Ich bin total begeistert von gegrilltem Salat, besonders von Salatherzen. Hier ist es ein klassischer Caesar Salad, der auf den Grill gelegt wird. Und falls Sie das Hähnchen vermissen (in einem klassischen Caesar Salad ist kein Hähnchen), dann legen Sie es einfach dazu. Ich finde, der Salat ist eine fantastische Beilage zu Fisch und Schweinefleisch und natürlich zu gegrilltem Hähnchen!

SALAT
6 Salatherzen
Olivenöl
Salz
Pfeffer
massenweise geriebener Parmesan

CROÛTONS
1 kleines Baguette
Olivenöl
1 Knoblauchzehe
Salz

DRESSING
2 Eigelbe
1 TL Dijon-Senf
2 EL Apfelessig
1 TL Salz
1 Knoblauchzehe
150 ml neutrales Speiseöl, z. B. Rapsöl
1–2 Sardellen
25 g Parmesan

Den unteren Teil des dunklen Strunks der Salatherzen abschneiden. Die Herzen längs halbieren, die Blätter sollten aber noch am Strunk zusammenhängen. Den Salat waschen und mit einem sauberen Geschirrtuch abtupfen. Mit Olivenöl beträufeln und auf den heißen Grill legen – die Herzen sollten ca. 4 Minuten grillen, währenddessen wenden. Mit Salz und Pfeffer würzen.
Das Baguette in Scheiben schneiden und ebenfalls mit Olivenöl beträufeln. Die Brotscheiben beidseitig auf dem heißen Grill grillen und anschließend gleich mit der geschälten Knoblauchzehe einreiben und salzen, während sie noch heiß sind.
Für das Dressing die Eigelbe mit Senf, Essig, Salz und der durchgepressten Knoblauchzehe verquirlen. Langsam das Öl einrühren. Mit gehackten Sardellen, geriebenem Parmesan und evtl. etwas mehr Salz und Essig abschmecken.
Die Salatherzen auf einem Teller mit den Croûtons anrichten, massenweise geriebenen Parmesan und das Dressing darübergeben und sofort servieren.

Info

Ja, ich weiß schon, dass hier Sardellen drin sind ... aber das macht den Caesar Salad noch lange zu keinem Fischgericht. Die wenigsten bemerken die Sardellen überhaupt. Sie dienen hier nur als leckeres Gewürz. Machen Sie also nur eine Nummer daraus, wenn Sie Vegetarier unter Ihren Gästen haben.

Gegrillter Mais Mexican Style

5 STÜCK ALS SNACK ODER BEILAGE

Solche Maiskolben sollte man mit Menschen essen, die man liebt (und die einen lieben), denn sie sind nicht gerade das vorteilhafteste Gericht der Welt. Dafür sind sie aber mit das leckerste! Eigentlich sogar leckerer als Steak! (JA, ERNSTHAFT.) Die gegrillten Maiskolben eignen sich als Vorspeise oder als Beilage. Oder einfach zu einem Bier, während man auf das restliche Essen wartet.

5 Maiskolben
etwas Öl
100 g Crème fraîche
2 EL Limettensaft
2 EL fein gehackter Koriander
75 g Pecorino
½ TL Cayennepfeffer
Salzflocken

Die Maiskolben schälen, aber die Blätter nicht ganz abreißen, dann kann man sie umgeklappt als Griff verwenden. Die Maiskolben mit etwas Öl einreiben und 5–8 Minuten auf den heißen Grill legen. Die Blätter sollten nicht heiß werden, also wenn möglich über den Rand herunterhängen lassen.
Die Crème fraîche mit Limettensaft und Koriander verrühren.
Den Pecorino fein reiben und mit Cayennepfeffer und etwas Salz vermengen.
Die heißen, gegrillten Maiskolben mit etwas Crème fraîche bestreichen und in der Pecorinomischung wenden.
Sofort servieren – und an Servietten denken!

Tipp

Wenn die Angelegenheit nicht ganz so glitschig sein soll, kann man auch nur den Käse mit Cayennepfeffer vermischen und zum heißen Mais servieren.

Eisbergsalat mit Blauschimmelkäse & Bacon

VORSPEISE ODER BEILAGE FÜR 3–4 PERSONEN

Dies ist eines der wenigen Rezepte, bei denen nichts gegrillt ist! (Wobei, Sie können den Bacon grillen, wenn Sie wollen.) Aber als Klassiker auf meinem Abendbrottisch neben dem Grill hat dieser Salat trotzdem einen Platz in diesem Buch verdient. Ich finde, er ist eine tolle Vorspeise oder eine absolut passende Beilage zu Burger oder Hot Dogs. Oder ganz einfach zu einem gegrillten Rindersteak!

DRESSING
100 ml Buttermilch
100 g Crème fraîche light
2 EL Mayonnaise
10–20 Tropfen Tabasco
1 EL Weißweinessig
100 g Blauschimmelkäse
Salz

SALAT
150 g Bacon
1 Eisbergsalat
mehr Blauschimmelkäse

Die Buttermilch mit Crème fraîche, Mayonnaise, Tabasco, Essig und geriebenem Blauschimmelkäse verrühren. Mit Salz abschmecken.
Den Bacon würfeln und knusprig braten. Den Salat in Streifen schneiden. Dressing, noch etwas geriebenen Blauschimmelkäse und Bacon darübergeben und sofort servieren.

Tipp **Frieren Sie den Blauschimmelkäse ein, er lässt sich dann viel besser reiben.**

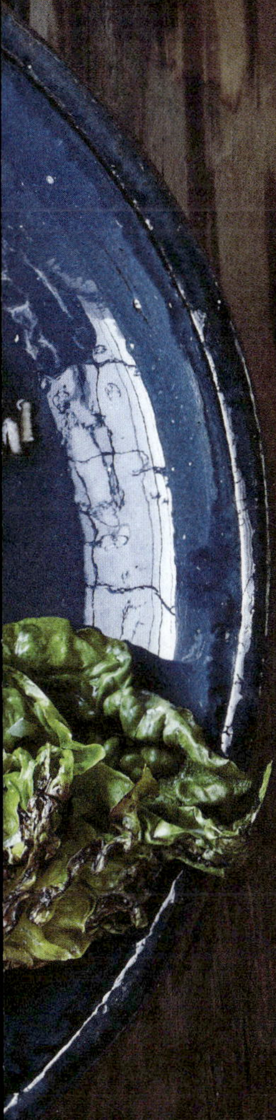

Gegrillte Salatherzen mit Himbeeren

VORSPEISE ODER BEILAGE FÜR 4 PERSONEN

Dieser Salat ist supergut als Beilage zu Geflügel und Schweinefleisch. Man kann ihn auch als hübsche kleine Vorspeise servieren.

DRESSING
1 EL Chipotle (oder andere Chilisauce)
2 EL flüssiger Honig
2 EL Weißweinessig
3 EL Olivenöl
1 EL fein gehackte Schalotten
100 g Himbeeren
Salz

SALAT
4 Salatherzen
etwas Olivenöl
Saft von ½ Zitrone
Salz
massenhaft gehobelter Parmesan

Chilisauce, Honig, Essig, Olivenöl und Schalotten verrühren und die Himbeeren unterheben. Das Dressing mit Salz abschmecken.
Den untersten Teil des dunklen Strunks der Salatherzen abschneiden.
Die Herzen längs halbieren, die Blätter sollten aber noch am Strunk zusammenhängen. Die Salate waschen und mit einem sauberen Geschirrtuch abtupfen. Mit etwas Olivenöl beträufeln und auf dem heißen Grill auf beiden Seiten ca. 4 Minuten grillen. Sie sollten deutliche Grillstreifen haben, außen knusprig und innen weich sein.
Die Salate mit etwas Zitronensaft beträufeln und salzen. Auf einem Teller anrichten und das Dressing und massenweise Parmesan darübergeben.
Sofort servieren.

Pita mit Erbsenhummus & Halloumi

LEICHTES HAUPTGERICHT FÜR 4 PERSONEN

Dies ist ein leichtes Hauptgericht. Wenn Sie richtig hungrig sind, können Sie ein Stück Fleisch oder Geflügel dazu essen. Oder verwenden Sie das Gericht als ansehnliche Vorspeise.

ERBSENHUMMUS
300 g gekochte Kichererbsen
200 g blanchierte Erbsen oder aufgetaute TK-Erbsen
1 EL Tahin
4 EL Olivenöl
4 EL Zitronensaft
Salz

AUSSERDEM
400 g Halloumi
Olivenöl
4 große Pitabrote
Salz
1 Salatgurke
2 Handvoll Minzeblättchen
1 Bund Radieschen
Zitronensaft

Kichererbsen, Erbsen, Tahin, Olivenöl und 3 EL Wasser mixen. Mit Zitronensaft und Salz abschmecken.
Den Halloumi in Scheiben schneiden, mit etwas Öl bestreichen und für ein paar Minuten auf den heißen Grill legen.
Die Pitabrote mit Olivenöl bestreichen und ziemlich kurz grillen, sodass sie knusprig und leicht zäh werden. Salzen.
Die Gurke mithilfe eines Sparschälers in dünne Streifen schneiden.
Hummus, Gurke, Halloumi, Minze und in dünne Scheiben geschnittene Radieschen auf den lauwarmen, knusprigen Pitas anrichten. Salzen und mit Zitronensaft und Olivenöl beträufeln. Sofort servieren.

Tipp

Halloumi ist ein zypriotischer Käse, der Hitze verträgt. Er ist sehr salzig und passt gut in dieses einfache Sommergericht. Falls Sie keinen finden, können Sie stattdessen Feta über das Gericht bröckeln.

Gegrillter Blumenkohl mit Blauschimmelkäse

BEILAGE FÜR 4 PERSONEN

Eine supereinfache Beilage, die zu allem passt, von Fisch bis zu Rindfleisch. Sie können den Salat auch als Vorspeise servieren, während das Hauptgericht auf dem Grill liegt.

1 Blumenkohl
Olivenöl
Salz
1 Zitrone
½ Sauerteigbrot
1 Knoblauchzehe
1 Handvoll gehackte glatte Petersilie
100 g Blauschimmelkäse

Den Blumenkohl in grobe Scheiben schneiden. Die Scheiben beidseitig mit Olivenöl bestreichen, salzen und bei nicht zu starker Hitze 4–6 Minuten grillen, bis sie gut gegrillt sind, aber immer noch Biss haben.
Währenddessen die Zitrone halbieren und mit der Schnittfläche nach unten grillen.
Die Füllung aus dem Brot holen und zu groben Krümeln zerreiben. In einer heißen Pfanne zusammen mit durchgepresstem Knoblauch in Öl rösten und salzen.
Den Blumenkohl anrichten und mit dem Saft der warmen, gegrillten Zitrone beträufeln.
Die gerösteten Brotkrümel mit gehackter Petersilie vermengen und den Blumenkohl damit und mit zerbröckeltem Blauschimmelkäse bestreuen. Sofort servieren.

Tipp

Stellen Sie eine gusseiserne Pfanne auf den Grill und rösten Sie die Brotkrümel dort, während der Blumenkohl auf dem Rost liegt.

Gegrillte Auberginen mit Topping

VORSPEISE ODER BEILAGE FÜR 4–6 PERSONEN

Schöner kann es fast nicht mehr werden. Essen Sie die Auberginen als Vorspeise oder grillen Sie ein Rindersteak oder ein paar Lammkoteletts dazu. Wenn Sie das Glück haben, die ganz kleinen hübschen Auberginen zu finden, sollten Sie unbedingt diese verwenden.

AUBERGINEN
3 kleine Auberginen
Olivenöl
2 Knoblauchzehen
Salz

TOPPING
3 EL Sesam
2 Handvoll Minzeblättchen
½ Granatapfel
2 EL gehackte Pistazien

DRESSING
200 g Joghurt
2 EL Tahin
2–3 EL Zitronensaft
Salz

Die Auberginen halbieren, mit Olivenöl beträufeln und durchgepressten Knoblauch und Salz darübergeben. Grillen, bis sie ganz weich sind – das dauert 10–15 Minuten. Währenddessen wenden.
Joghurt, Tahin, Zitronensaft und Salz verrühren.
Den Sesam 1–2 Minuten in einer trockenen, heißen Pfanne rösten, bis die Samen springen. Ein wenig abkühlen lassen.
Die gegrillten Auberginen mit dem Dressing anrichten und mit Minzeblättchen, Granatapfelkernen, Pistazien und Sesam bestreuen.

Tipp

An die Granatapfelkerne kommt man ganz einfach, indem man die Frucht viertelt und dann vorsichtig die Kerne „herausdreht". Die Schale und die weißen Häute kann man wegwerfen.

Buchweizensalat mit Zucchini & Erbsensprossen

BEILAGE FÜR 4 PERSONEN

Ein wirklich toller Salat. Er passt sowohl zu Fleisch als auch zu Fisch. Und falls ein Vegetarier dabei ist, ist dieser Salat auch ein wunderbares Hauptgericht.

SALAT
75 g Buchweizen
Salz
2 Zucchini, gerne 1 gelbe und 1 grüne
Olivenöl
2–3 Handvoll Erbsensprossen

DRESSING
1 Zitrone
4 EL Olivenöl
Salz
1 Prise Zucker

Den Buchweizen in Salzwasser 15–20 Minuten weich kochen. In einem Sieb gut abtropfen lassen.
Die Zucchini in längliche Scheiben schneiden und beidseitig mit Olivenöl bestreichen. Ein paar Minuten auf den heißen Grill legen, bis sie schöne Streifen haben.
Die Zitrone halbieren und mit der Schnittfläche nach unten auf dem heißen Grill rösten, bis sie goldbraun ist. Den Saft der warmen Zitrone mit Olivenöl, Salz und Zucker verrühren.
Den lauwarmen oder heißen Buchweizen mit Zucchini, Erbsensprossen und dem Dressing vermengen und mit Salz abschmecken. Den Salat lau- oder zimmerwarm servieren.

Tipp

Erbsensprossen sind junge Erbsenpflänzchen, die noch nicht fertig ausgebildet sind. Man kann sie in den meisten gut sortierten Supermärkten kaufen – oder auf dem Fensterbrett selbst ziehen.

Gegrillter Rosenkohl

BEILAGE FÜR 3–4 PERSONEN

Rosenkohl ist nicht das erste Gemüse, das einem in den Sinn kommt, wenn man an Grillen denkt. Aber Rosenkohl vom Grill ist fantastisch. Ich kenne sogar eine Menge Leute (Männer), die Rosenkohl nicht leiden können, ihn in dieser Version aber geradezu in sich hineinschaufeln.

600 g geputzter Rosenkohl
Olivenöl
Salz
Pfeffer
etwas Zitronensaft
massenhaft gehobelter Parmesan

Den unteren Teil des Strunks der Rosenkohlröschen entfernen. Die äußerste Schicht Blätter abschälen, wegwerfen und den Rosenkohl in etwas Olivenöl wenden. In eine heiße Grillpfanne oder auf den Grill legen (siehe Tipp) und bei starker Hitze braten, bis die Röschen gut Farbe bekommen haben (8–10 Minuten).
Den dunklen Rosenkohl in Salz, Pfeffer, Zitronensaft und ein paar EL Olivenöl wenden. Kurz vor dem Servieren mit massenhaft gehobeltem Parmesan bestreuen.

Tipp

Die kleinen Röschen sind auf einem Grill schwer zu handhaben. Stecken Sie sie zum Grillen am besten auf große Spieße – das macht es viel einfacher, sie zu wenden. Vor dem Servieren von den Spießen nehmen.

Bruschetta mit gegrilltem Gemüse

SNACK ODER VORSPEISE FÜR 4 PERSONEN

Ich liebe es, diese einfachen Bruschetta als Vorspeise zu servieren. Essen Sie sie, während das Hauptgericht auf dem Grill liegt. Oder genießen Sie sie als Snack zu einem Glas Wein.

TOPPING
1 Zucchino
2 rote Paprikaschoten
2 rote Zwiebeln
Olivenöl
Oreganoblättchen
Salz
100 g Feta

BRUSCHETTA
1 gutes Baguette
Olivenöl
1 Knoblauchzehe
Salz
etwas guter Sherry- oder Rotweinessig

Zucchino und Paprika in dünne Streifen, Zwiebeln in Spalten schneiden. In Olivenöl wenden und 4–8 Minuten auf den heißen Grill legen, bis das Gemüse fast durch ist, aber immer noch etwas Biss hat. Das warme Gemüse kurz vor dem Servieren mit Oregano, Salz und zerbröckeltem Feta vermengen.
Das Brot in Scheiben schneiden, mit Olivenöl beträufeln und beidseitig grillen. Das gegrillte Brot mit der geschälten Knoblauchzehe einreiben und salzen.
Die Brotscheiben auf einem Teller anrichten und mit dem Gemüse belegen. Mit etwas Essig beträufeln und sofort servieren.

Tipp

Wenn Sie eine Grillschale verwenden, können Sie mit dem Gemüse auf dem Grill leichter hantieren. Heizen Sie ihn ruhig ganz hoch. Es verträgt starke Hitze gut.

Gemüse ★

Gegrillte Gemüselasagne

REICHT FÜR 4 PERSONEN

Diese Lasagne eignet sich super als vegetarisches Hauptgericht. Legen Sie zuerst das ganze Gemüse kurz auf den Grill, packen Sie die Lasagne in eine grillfeste Form und „backen" Sie sie mit Deckel über indirekter Hitze auf dem heißen Grill.

GEMÜSE
2 Zucchini
1 Aubergine
1 Knoblauchzehe
etwas Olivenöl
Salz

AUSSERDEM
6–8 frische Lasagneplatten
250 g Ricotta
125 g Büffelmozzarella

TOMATENSAUCE
1 Zwiebel
2 Knoblauchzehen
Olivenöl
ca. 600 g passierte Tomaten
1 Handvoll gehackter Oregano
Salz
Pfeffer
1 Prise Zucker

Zucchini und Aubergine längs in Scheiben schneiden. In durchgepresstem Knoblauch und Olivenöl wenden und auf dem heißen Grill grillen, bis sie Farbe bekommen haben. Das dauert ca. 4 Minuten. Salzen.
Zwiebel und Knoblauch fein hacken und kurz in einem Topf in Olivenöl braten. Die passierten Tomaten zufügen und 10 Minuten köcheln lassen. Mit Oregano, Salz, Pfeffer und Zucker abschmecken.
Etwas Tomatensauce auf den Boden einer grillfesten Form geben. Eine Schicht Lasagneplatten darauflegen und ein Drittel der Tomatensauce darübergeben. Mit der Hälfte des Gemüses, der Hälfte des Ricottas und dann einer neuen Schicht Lasagneplatten belegen. Wiederholen und mit dem letzten Teil der Tomatensauce abschließen.
Den Mozzarella klein zupfen, über der Tomatensauce verteilen und die Lasagne unter indirekter Hitze mit geschlossenem Deckel auf dem heißen Grill ca. 20 Minuten backen, bis die Lasagneplatten weich und der Käse goldbraun ist. Sofort servieren, am besten mit einem großen Salat.

Tipp

Sie können die Lasagne natürlich auch im Ofen fertig backen. Sie braucht bei 180 °C ca. 30 Minuten.

Cheesesandwich de luxe

2 STÜCK

Ich liebe dieses einfache Sandwich voll mit leckerem Käse (Käse ist faaaaast ein Gemüse!!!). Es ist natürlich absolut entscheidend, dass das Brot besonders gut und der Käse der beste ist, den man bekommen kann!

4 Scheiben grobes Sauerteigbrot
Olivenöl
1 EL grober Senf
2 EL Mayonnaise
100 g Gruyère
100 g Brie de Meaux
1 Birne
1 Handvoll Friséesalat
Salz und Pfeffer

Das Brot mit etwas Olivenöl beträufeln und auf der unbeträufelten Seite grillen.
Den Senf mit Mayonnaise vermischen und auf die gegrillte Seite des Brotes streichen.
Käse, in dünne Scheiben geschnittene Birne und zerpflückten Salat auf den Broten verteilen, mit Salz und Pfeffer würzen und zu einem Sandwich zusammenklappen. Auf beiden Seiten grillen, sodass der Käse schmilzt und das Brot schöne Grillstreifen bekommt.
Man kann die Sandwiches mit einer schweren Pfanne oder einem großen Pfannenwender etwas pressen, dann werden sie schön flach und gut gegrillt.
Sofort servieren.

Tipp

Brie de Meaux ist nicht einfach nur Brie. Es ist DER Brie! Kaufen Sie also wenn möglich diesen, auch wenn er etwas mehr kostet. Er ist es wert!

Fisch und Meeresfrüchte

Gegrillte Austern

Gegrillte Austern

SNACK/VORSPEISE FÜR 4 PERSONEN (ODER FÜR 1, WENN SIE VERRÜCKT NACH AUSTERN SIND)

Wenn Sie ein Austernfan sind, dann essen Sie mit. Wenn Sie kein Austernfan sind, aber denken, dass Sie ihnen eine zweite Chance geben sollten, dann ist dies eine supertolle Gelegenheit für einen Neustart. Die gegarten Austern haben nämlich ein klein wenig mehr Biss – hier gibt es also die Möglichkeit, etwas zu kauen. Servieren Sie die Austern mit allen drei Dips oder wählen Sie den aus, den Sie am liebsten mögen.

SHERRY-VINAIGRETTE
3 EL Sherryessig
3 EL Olivenöl
1 EL fein gehackte Schalotte
Salz

LIMETTENDRESSING
25 ml Limettensaft
20 Tropfen Tabasco
1 EL fein gehackte Frühlingszwiebel

ZITRONENDRESSING
1 Zitrone
3 EL Olivenöl
Salz

AUSTERN
12–24 Austern

SHERRY-VINAIGRETTE: Essig, Öl, Schalotte und Salz miteinander verrühren.

LIMETTENDRESSING: Limettensaft, Tabasco und Frühlingszwiebel miteinander verrühren.

ZITRONENDRESSING: Die Zitrone halbieren und auf der Schnittfläche grillen. Sie sollte gut Farbe bekommen. Den Saft aus der warmen Zitrone pressen und mit Olivenöl verrühren. Mit Salz abschmecken.

AUSTERN: Die ganzen Austern 4–6 Minuten auf den heißen Grill legen (je nachdem, wie heiß der Grill ist). Dass sie fertig sind, erkennen Sie daran, dass sie sich ein wenig öffnen und etwas Wasser austritt. Vom Grill nehmen – das ist am einfachsten mit einem Grillhandschuh – und etwas abkühlen lassen. Die Austern mit einem Austernmesser öffnen und sofort mit den drei Dressings servieren.

Tipp

Legen Sie Ihre Austern auf Eis oder Salz. Sie können gut kalt gegessen werden, auch wenn sie gegrillt sind.

Gegrillte Kaisergranate mit gegrillter Aioli

VORSPEISE FÜR 4 PERSONEN

Dies ist eines der leckersten Gerichte der Welt. Ohne viel Firlefanz. Die tolle, gegrillte Aioli ist nur eine Extraportion Liebe für die guten Kaisergranate.

GEGRILLTE AIOLI
1 Knoblauchknolle
2 Eigelbe
1 TL Dijon-Senf
2 EL Weißweinessig
Salz
50 ml mildes Olivenöl

KAISERGRANATE
12–16 Kaisergranate
2 EL Butter
2 EL Olivenöl
1 Knoblauchzehe
etwas glatte Petersilie
Salz

BEILAGE
Zitronenspalten
gutes Brot

Die Knoblauchknolle auf den Grill legen, bis die Zehen in den Schalen ganz weich sind – das dauert 20–30 Minuten. Ab und zu wenden.
Etwas abkühlen lassen. Die weichen Knoblauchzehen in eine Schüssel pressen und mit Eigelben, Senf, Essig und Salz verquirlen. Verwenden Sie am besten einen Pürierstab, sodass die Knoblauchzehen ganz püriert werden. Das Öl in einem dünnen Strahl zufügen, dabei weiterquirlen. Abschmecken.
Die Schwänze der Kaisergranate längs aufschneiden. Den Darm herausziehen und wegwerfen. Die Butter zerlassen und mit Öl, durchgepresstem Knoblauch und gehackter Petersilie verrühren und auf die Kaisergranate verteilen. Die Butter gut in die Schwänze hineindrücken. Salzen.
Die Kaisergranate auf dem heißen Grill auf beiden Seiten 1–2 Minuten grillen. Mit Aioli, Zitronenspalten und gutem Brot servieren.

Gegrillte Garnelen mit Limettensalz und Wasabi-Mayo

VORSPEISE FÜR 3–4 PERSONEN

Ich hasse die großen gezüchteten Garnelen aus Asien. Sie sind voller Antibiotikareste und schmecken nach medizinischem Müll. Sie sind unter schlechten Verhältnissen aufgezogen worden und überhaupt etwas, von dem man sich fernhalten sollte. Wenn Sie Glück haben, finden Sie Garnelen aus akzeptabler Züchtung, aber das ist leider selten. Stattdessen bin ich ein großer Fan von grönländischen Garnelen. Die schmecken nach etwas! Sie sind im Meer gefangen worden und darüber hinaus fantastisch zu grillen. Da sie gleich nach dem Fangen gekocht werden, soll sie der Grill also nicht garen, sondern nur aufwärmen und noch leckerer machen.

SALZ
2 TL abgeriebene Limettenschale (natürlich bio)
1 EL Korianderblättchen
2 EL Salzflocken

MAYO
4 EL Mayonnaise
4–5 TL Wasabipaste oder nach Geschmack
2 EL Limettensaft
etwas Salz

GARNELEN
400 g ungeschälte grönländische Garnelen
Holzspieße
etwas Olivenöl

BEILAGEN
Korianderblättchen
Limettenspalten

Limettenschale und Koriander in einem Mörser zerstoßen (oder den Koriander fein hacken und mit der Limettenschale vermischen). Salzflocken zufügen und alles leicht zerstoßen.
Die Mayonnaise mit Wasabi und Limettensaft verrühren und mit etwas Salz abschmecken.
Die Garnelen auf Spieße stecken. Mit etwas Olivenöl einreiben und auf dem sehr heißen Grill grillen (die Garnelen sind gekocht, sie sollen also nur erhitzt werden). Mit Salz und Korianderblättchen bestreuen und mit Wasabi-Mayo und Limettenspalten servieren.

Tipp Falls Sie Holzspieße verwenden, denken Sie daran, diese eine halbe Stunde in kaltem Wasser einzuweichen, dann verbrennen sie nicht auf dem Grill.

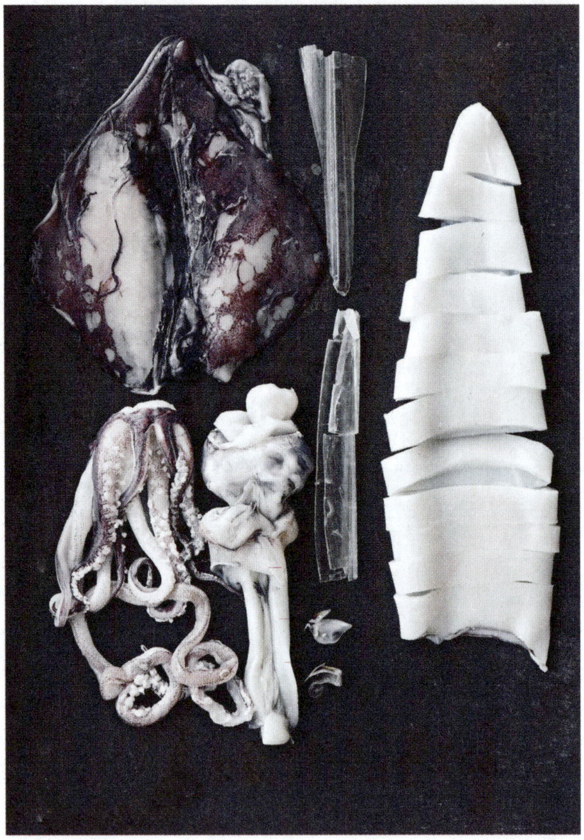

Gegrillte Tintenfische mit Chipotle-Mayo

SNACK ODER VORSPEISE FÜR 4 PERSONEN

Es gibt nichts Besseres als Tintenfische. Die zehnarmigen sind einfach auszunehmen und schnell und leicht zu grillen. Kaufen Sie sie küchenfertig (tiefgefrorene Tintenfische sind auch o. k.) oder nehmen Sie sie selbst aus. Und verwenden Sie auch Flossen und Arme.

CHIPOTLE-MAYO
1–2 EL Chipotle-Chilis in Adobo-Sauce (aus der Dose; oder andere Chilis)
100–200 g Mayonnaise
2 EL Limettensaft
Salz

TINTENFISCHE
600 g zehnarmige Tintenfische
etwas Olivenöl
Salz und Pfeffer
Korianderblättchen
4–5 Radieschen
Limettenspalten

Die Chilis zerkleinern, mit Mayonnaise und Limettensaft verrühren und mit Salz abschmecken.
Die Tintenfische ausnehmen: Die dünne Haut auf der Außenseite entfernen, das Skelett herausziehen, den Tintenfisch umstülpen und innen ausspülen. Trocken tupfen und in grobe Stücke schneiden (die auf dem Rost liegen können, ohne durchzufallen). Dasselbe mit den Flossen machen. Die gröbsten Saugnäpfe mit den Daumen von den Armen abreiben.
Die Tintenfische in etwas Öl wenden und auf den heißen Grill legen. Sie müssen nur kurz grillen, je nach Größe insgesamt 2–3 Minuten, sonst werden sie zäh.
Mit Salz und Pfeffer würzen.
Die Tintenfische mit Korianderblättchen, in dünne Scheiben geschnittenen Radieschen, Limettenspalten und Chipotle-Mayo servieren.

Tipp

Die geräucherten Chipotle in Adobo werden in einer speziellen würzig-pikanten Tomatensauce eingelegt und haben dadurch einen ganz spezifischen Geschmack, der gut zum Grillaroma passt.

Gegrilltes Lachs-Sashimi

VORSPEISE FÜR 2 PERSONEN

Meine Einstellung Lachs gegenüber ist nicht restlos positiv. Aber schauen Sie nach einem nicht zu fetten und nehmen Sie am besten Wildlachs! Dann wird er sicher gut sein. Diese Version mit dem knusprigen Daikon und dem frischen Dressing ist ein perfektes Sommeressen, entweder als Vorspeise oder als leichtes, einfaches Hauptgericht.

LACHS
200–300 g Lachs ohne Haut und Gräten
etwas Olivenöl
200 g geschälter Daikon (chinesischer Rettich)
etwas Limettensaft
Limettenspalten zum Servieren

DRESSING
25 ml Sojasauce
2 EL Sake
1 TL fein gehackte Chilischote
1 EL fein gehackte Frühlingszwiebel

Den Lachs in zwei schöne Stücke teilen. Mit etwas Öl bestreichen und nur auf einer Seite auf den heißen Grill legen. Er soll nicht im Entferntesten durch sein, aber schöne Grillspuren aufweisen.
Den Daikon in dünne Streifen schneiden oder grob reiben. Mit etwas Limettensaft beträufeln.
Für das Dressing die Sojasauce mit Sake, 2 EL Wasser, Chili und Frühlingszwiebel verrühren.
Den Lachs auf dem Daikon anrichten. Sofort mit Dressing und Limettenspalten servieren.

Tipp

Sie können den Lachs natürlich auch überhaupt nicht grillen, sodass es klassisches Sashimi wird.

Gegrillter Lachs mit Petersiliensalat

HAUPTGERICHT FÜR 3–4 PERSONEN

Lachs ist einer der Fische, die supereinfach zu grillen sind. Am besten grillt man ihn auf der Haut. Sie ist so dick, dass der Lachs nur auf der Hautseite ganz fertig gegrillt werden kann. Ich mache mir nichts aus Lachshaut, aber ich habe auch keine Lust, den Lachs vor der Zubereitung zu häuten. Also serviere ich ihn mit der Hautseite nach unten, nehme das Fischfleisch mit einem Löffel ab und werfe die Haut zum Schluss weg.

LACHS
600 g Lachs mit Haut
etwas Olivenöl
Salz

TOPPING
75 g Mandeln
2 EL Olivenöl
Salz
1 Zitrone (natürlich bio)
2 Handvoll gehackte glatte Petersilie
2 TL Chiliflocken

Den Lachs auf Gräten untersuchen. Mit etwas Olivenöl einreiben und salzen. Auf den Grill legen und mit geschlossenem Deckel grillen lassen. Das dauert 10–18 Minuten, je nachdem, wie dick der Lachs ist und wie viel Power der Grill hat.
Vorsichtig prüfen, ob der Fisch fertig ist; dazu mit einem scharfen Messer in der Mitte einstechen, sachte zur Seite ziehen und nachsehen, ob der Lachs gar ist. Ich mag ihn in der Mitte leicht rosa am liebsten, aber das ist Geschmackssache.
Währenddessen die Mandeln mit kochendem Wasser übergießen, kurz stehen lassen und enthäuten. In einer Pfanne in etwas Olivenöl leicht anrösten, evtl. auf dem Grill, und salzen. Etwas abkühlen lassen und grob hacken. Die äußerste dünne gelbe Schale von der Zitrone schälen und in dünne Streifen schneiden. Mandeln und Petersilie mit Zitronenschale, dem Saft der ganzen Zitrone, dem restlichen Olivenöl, Chiliflocken und Salz vermengen. Den Lachs mit dem Petersiliensalat bestreuen und servieren.

Tipp

Ein richtiger Oldschool-Kartoffelsalat mit Joghurt und vielen frischen Kräutern schmeckt super zu diesem Lachs.

Gegrillte Doraden

Gegrillte Doraden

4 STÜCK

Dorade (auch Goldbrasse genannt) ist ein schöner weißer Speisefisch, der zum Grillen besonders geeignet ist. Diese Version ist simpel – so mag ich sie am liebsten – aber variieren Sie sie gerne mit frischem Oregano, Thymian, Dill, Limette, Knoblauchbutter oder anderen althergebrachten Köstlichkeiten.

4 küchenfertige Doraden
Olivenöl
Salz
3 Knoblauchzehen
1–2 Zitronen (natürlich bio)
3 Handvoll Petersilienblättchen

Die Doraden innen gut ausspülen. Mit Küchenpapier trocken tupfen und auf beiden Seiten kleine Schnitte ins Fleisch machen. Die Doraden mit Olivenöl beträufeln, mit Salz bestreuen und mit etwas geschältem Knoblauch einreiben. Mit Zitronenscheiben, Petersilie und dem restlichen, in Scheiben geschnittenen Knoblauch füllen und auf dem heißen Grill auf beiden Seiten grillen, insgesamt 8–12 Minuten. Prüfen, ob sie durch sind, und sofort servieren, am besten mit noch mehr Zitrone, Olivenöl und Petersilie.

Tipp

Servieren Sie dazu grobes Brot und einen großen Salat. Berechnen Sie 1 Fisch pro Person.

Warm geräucherter Lachs mit Fenchelsalat

VORSPEISE FÜR 4–6 PERSONEN

Warm geräucherter Lachs ist wirklich ein tolles Essen. Es ist einfach und macht fast jeden glücklich. Falls Sie mehr Fisch räuchern, als Sie essen können, können Sie ihn im Kühlschrank bis zu 5 Tage aufbewahren.

LACHS
600 g Lachs mit Haut
1 EL feines Salz
2 TL Zucker
Räucherbriketts

SALAT
2 Fenchelknollen
2 Handvoll Dillblättchen
Eiswürfel
50 ml Limettensaft
2 EL flüssiger Honig
4 EL Olivenöl
Salz

Den Lachs auf Gräten untersuchen und, wenn vorhanden, mit einer Pinzette oder Fischzange entfernen. Den Fisch mit Salz und Zucker bestreuen und 20 Minuten bei Zimmertemperatur oder über Nacht im Kühlschrank stehen lassen. Die ausgetretene Flüssigkeit abtupfen, den Lachs in eine Grill- oder Aluschale mit Löchern im Boden (selbst einstechen) legen. Auf den heißen Grill über indirekte Hitze stellen und Räucherbriketts auflegen. Den Deckel des Grills schließen und den Lachs 15–20 Minuten räuchern, bis er innen eine Temperatur von 68–70 °C hat. Vom Grill nehmen und etwas abkühlen lassen.
Den Fenchel in dünne Scheiben schneiden und zusammen mit dem Dill in Eiswasser legen.
Limettensaft mit Honig und Olivenöl verrühren und das Dressing mit Salz abschmecken.
Fenchel und Dill gut abtropfen lassen und mit dem Dressing vermengen.
Räucherlachsstücke mit Fenchelsalat und evtl. kräftigem Brot servieren.

Tipp

Makrele, Hering und Forelle eignen sich ebenfalls sehr gut zum Räuchern.

Gegrillte Makrele mit Zitrusfrüchten

VORSPEISE FÜR 4 PERSONEN

Makrele ist einer der Fische, die recht einfach zu grillen sind. Reiben Sie sie auf der Hautseite mit Öl ein, legen sie auf den heißen Grill und versuchen Sie, sie nicht zu bewegen, bis sie von selbst fertig ist (sie löst sich irgendwann von alleine vom Rost, also haben Sie Geduld). Wenn Sie den Deckel schließen, muss sie nur auf der Hautseite grillen. Man kann auch eine Grillschale benutzen – das ist etwas sicherer.

MAKRELE
4 filetierte Makrelen (insgesamt 8 halbe Filets)
etwas Olivenöl

ZITRUSFRÜCHTE
2 Zitronen
1 Pink Grapefruit
1 kleine Handvoll Dill
1 EL gehackte Schalotte
4–5 EL Olivenöl

Die Makrelen von den Flossen befreien und auf Gräten untersuchen. Mit Küchenpapier trocken tupfen. Mit etwas Olivenöl einreiben und mit der Hautseite nach unten auf den heißen Grill legen. Mit einem Pfannenwender auf den Grill herunterdrücken, sodass sie sich nicht zusammenrollen. Bei mittlerer Hitze auf der Hautseite grillen, am besten mit Deckel. Prüfen, ob sie gar sind – sie brauchen 3–5 Minuten – und vorsichtig vom Grill nehmen.
Währenddessen die Zitronen und die Grapefruit schälen. Achten Sie darauf, dass keine weißen Häute mehr daran sind. Die Früchte in dünne Scheiben schneiden. Den Dill grob hacken und die Zitrusfrüchte mit Dill, Schalotte und Olivenöl vermengen.
Die gegrillten Makrelen mit Zitrusfrüchten und Vinaigrette servieren. Evtl. ein besonders gutes Brot dazu reichen.

Tipp **Servieren Sie noch einen großen Salat dazu und verwenden Sie die Makrelen als Hauptgericht für 2–3 Personen.**

Fish-Sliders mit Guacamole und Mais-Salsa

8–12 STÜCK

Sliders sind Miniburger, von denen man Unmengen essen kann. Servieren Sie eine Mahlzeit, die ausschließlich aus Sliders besteht (am besten sowohl mit Rindfleisch als auch Fisch und vielleicht Frikadellen), oder verwenden Sie sie als Luxus-Snack zu einem Bier vor dem Abendessen (oder als geniales Mitternachtsessen). Mit anderen Worten: Für einen Slider ist immer Platz!

GUACAMOLE
3 reife Avocados
1–2 EL Limettensaft
Salz

MAIS-SALSA
1 Maiskolben
etwas Olivenöl
Saft von 1 Limette
1 TL Zucker
1 grüne Chilischote
1 Handvoll Korianderblättchen
Salz

SLIDERS
ca. 400 g Dorsch- oder Pollackfilet
etwas Olivenöl
Salz
8–12 kleine Burgerbrötchen
Mayonnaise
knackiger Salat, z. B. Salatherzen
2 Tomaten

GUACAMOLE: Die Avocados halbieren und die Steine entfernen. Das Fleisch mit einem Löffel herauskratzen und mit einer Gabel zerdrücken. Sofort den Limettensaft einrühren. Mit Salz abschmecken.

SALSA: Blätter und Haare vom Maiskolben entfernen. Den Mais mit Öl einreiben und 5–8 Minuten auf dem heißen Grill grillen. Den Limettensaft mit Zucker verrühren. Die Chili hacken, evtl. Samen und Samenwände entfernen, wenn Sie die Salsa nicht so scharf haben wollen. Die Chili zusammen mit dem grob gehackten Koriander ins Dressing einrühren. Die Körner vom Maiskolben schneiden und ins Dressing geben. Mit Salz abschmecken.

SLIDERS: Den Fisch in 8–12 Stücke teilen, mit ein wenig Öl einreiben und für ein paar Minuten auf den heißen Grill legen. Salzen. Die Brötchen anwärmen, aufschneiden und mit Mayonnaise bestreichen. Die kleinen Sliders mit Salatblättern, Tomatenscheiben, Fisch, Guacamole und Salsa füllen. Sofort servieren.

Tipp **Machen Sie die Brötchen selbst, siehe Seite 178.**

GEFLÜGEL

Galangal ist eine Wurzel, die im Aussehen Ingwer ähnelt, aber frisch und säuerlich schmeckt. Falls Sie es nicht bekommen, können Sie es weglassen oder stattdessen ein paar Löffel Tamarinde verwenden. Sowohl Tamarinde als auch Galangal gibt es in asiatischen Supermärkten zu kaufen.

Satay Gai

GEFLÜGEL

SNACK FÜR 4 PERSONEN

Diese Hähnchenspieße sind für mich mit das Allerbeste, was man auf den Grill legen kann. Servieren Sie sie am besten mit Limettenspalten und einem frischen Krautsalat oder mit Reis.

SPIESSE
2 Knoblauchzehen
250 g Schalotten
3 Zitronengrasstängel
10 g Galgant (Thai-Ingwer)
90 g Rohrzucker
2 EL Austernsauce
1 TL Kurkuma
2 TL Salz
2 TL gemahlener Kreuzkümmel
1 EL gemahlener Koriander
100 ml neutrales Speiseöl, z. B. Rapsöl
500 g Hähnchenfleisch
Holzspieße

ERDNUSSSAUCE
100 g Schalotten
1 Knoblauchzehe
1 Zitronengrasstängel
etwas Öl zum Braten
1 EL Chiliflocken
150 g gesalzene Erdnüsse
100 g Erdnussbutter
2 EL Tamarindenpaste
20 g Rohrzucker
1–3 EL Sojasauce
2–3 EL Limettensaft

AUSSERDEM
frischer Koriander

SPIESSE: Knoblauch und Schalotten schälen. Das unterste Stück und die äußeren Blätter der Zitronengrasstängel entfernen. Oben 4–6 cm abschneiden und wegwerfen – es wird nur der innerste, helle Teil verwendet. Den Galgant schälen.
Knoblauch, Schalotten, Zitronengras und Galgant in einen Mixer geben. Mit Zucker, Austernsauce, Kurkuma, Salz, Kreuzkümmel und Koriander mixen und zum Schluss das Öl einrühren, sodass eine dicke Marinade entsteht.
Das Hähnchenfleisch würfeln, in die Marinade geben und mindestens 1 Stunde oder über Nacht im Kühlschrank ziehen lassen. Das Fleisch herausnehmen und abtropfen lassen. Die Marinade für die Erdnusssauce aufbewahren. Die Hähnchenwürfel auf Holzspieße stecken (denken Sie daran, sie zuvor eine halbe Stunde in Wasser einzuweichen, damit sie auf dem Grill nicht verbrennen) und auf dem heißen Grill grillen, bis sie durch sind.

SAUCE: Schalotten, Knoblauch und Zitronengras schälen (wie für die Marinade) und alles fein hacken, gerne in einem Mixer. In Öl zusammen mit den Chiliflocken kurz kräftig anbraten, ohne dass es braun wird. 150–200 ml Marinade vom Hähnchen zufügen und 2–3 Minuten unter Rühren braten. Währenddessen die Erdnüsse grob mixen. Erdnüsse, Erdnussbutter, Tamarindenpaste und 150–200 ml kochendes Wasser zur Marinade hinzufügen. Die Sauce 10–15 Minuten kochen lassen. Mit Rohrzucker, Sojasauce und Limettensaft abschmecken und nochmals 5 Minuten kochen lassen.
Die Erdnusssauce lauwarm und zusammen mit etwas Koriander zu den gegrillten Satayspießen servieren.

Hotwings

SNACK FÜR 4–5 PERSONEN

Diese kleinen klebrigen Flügel esse ich einfach so, wie sie sind, von einem Buffet oder als Vorspeise. Besonders lecker schmecken sie mit einem einfachen Dressing aus Joghurt und Blauschimmelkäse und ein paar knackigen Selleriestangen dazu.

WINGS
240 g Weizenmehl
2 EL edelsüßes Paprikapulver
2 TL Cayennepfeffer
2 EL Zwiebelpulver
1 EL grobes Salz
16–20 Hähnchenflügel
Öl

MARINADE
200 ml Apfelessig
180 g Muscovadozucker
3 Knoblauchzehen
1 EL fein gehackter Ingwer
25 ml Sojasauce
1 EL Maisstärke

Mehl, Paprikapulver, Cayennepfeffer, Zwiebelpulver und Salz in einem großen Frischhaltebeutel vermischen. Die Flügel in den Beutel geben, verschließen und schütteln. Anschließend in etwas Öl wenden und auf den heißen Grill legen.
Die Flügel sollten insgesamt 15–20 Minuten grillen, bis sie durch sind. In regelmäßigen Abständen wenden, sodass sie nicht anbrennen.
Währenddessen Essig, Muscovadozucker, fein gehackten Knoblauch, Ingwer und Sojasauce in einen Topf geben und aufkochen. Die Maisstärke mit 1–2 EL Wasser verquirlen und die Mischung in die heiße Marinade einrühren. Erneut aufkochen lassen. Die Marinade vom Herd nehmen und etwas abkühlen lassen.
Die durchgebratenen Hähnchenflügel in die abgekühlte Marinade geben und sofort servieren. Servietten sind ein Muss!

Tipp

Servieren Sie die Flügel auch gerne als Vorspeise, vielleicht mit einem würzigen Krautsalat dazu.

GEFLÜGEL

Spicy Chicken in Joghurtmarinade

HAUPTGERICHT FÜR 4 PERSONEN

Kaufen Sie hierfür ein richtig gutes Hähnchen. Das ist es wert!

HÄHNCHEN
1 Hähnchen
Salz

MARINADE
200 g Vollmilchjoghurt
25 ml Olivenöl
30 g Ingwer
1 TL abgeriebene Zitronenschale (natürlich bio)
Saft von 1 Zitrone
1 TL Cayennepfeffer
1 TL gemahlener Piment
½ TL gemahlene Nelken
1 Handvoll glatte Petersilienblättchen
1 Handvoll Minzeblättchen
Salz

TOPPING
flüssiger Honig
gehackte glatte Petersilie
gehackte Minze

Das Hähnchen in 10 Stücke zerteilen: 4 Bruststücke, 2 Oberschenkel, 2 Unterschenkel, 2 Flügel. Mit einem kleinen, scharfen Messer kleine Schnitte in Haut und Fleisch machen. Das Hähnchen salzen.
Den Joghurt mit Olivenöl, geschältem und gehacktem Ingwer, Zitronenschale und -saft, Cayennepfeffer, Piment, Nelken, Petersilie, Minze und dem Salz vermengen. Das Hühnerfleisch über Nacht im Kühlschrank oder mindestens 30 Minuten bei Zimmertemperatur in der Mischung marinieren.
Überschüssige Marinade abtropfen lassen und das Hähnchen vorsichtig bei verhältnismäßig geringer Hitze und geschlossenem Deckel 15–25 Minuten grillen, bis es durch ist. Mit ein paar EL Honig beträufeln und mit vielen frischen Kräutern anrichten. Sofort servieren.

Tipp Servieren Sie das Hähnchen mit lauwarmem Fladenbrot, Taboulé, einem Buchweizensalat oder einfach einem großen grünen Salat.

GEFLÜGEL

Salat mit Hähnchen & Honey Mustard

LEICHTES HAUPTGERICHT FÜR 4 PERSONEN

Dieses Honig-Senf-Dressing ist ein echter Klassiker, der auch super zu einem ganz einfachen grünen Salat schmeckt.

HÄHNCHEN
4 Hähnchenbrustfilets, gerne mit Haut
etwas Olivenöl
Salz

DRESSING
2 Eigelbe
1 TL Dijon-Senf
3–4 TL Weißweinessig
Salz
150 ml neutrales Speiseöl, z. B. Rapsöl
½ TL Cayennepfeffer (oder nach Geschmack)
2 EL flüssiger Honig
1 ½ EL süßer französischer Senf

SALAT
3 Möhren
200 g junger Mischsalat

Die Hähnchenbrustfilets mit etwas Olivenöl einreiben und auf dem heißen Grill 10–15 Minuten grillen, bis sie durch sind. Salzen.
Die Eigelbe mit Senf, Essig und 1 TL Salz verquirlen. Das Öl in einem dünnen Strahl einrühren, sodass eine dicke, schöne Mayonnaise entsteht. Mit Cayennepfeffer, Honig, französischem Senf und Salz abschmecken.
Möhren in dünne Streifen schneiden und mit dem Salat und dem Dressing vermengen. Das gegrillte Hähnchen darauflegen und sofort servieren.

Tipp

Dünne Möhrenstreifen lassen sich ganz einfach mit einem Kartoffel- oder Sparschäler schneiden. Legen Sie die Möhrenstreifen in kaltes Wasser, dann werden sie besonders knackig.

Gegrilltes Hähnchen mit Ananas-Salsa

8 STÜCK, REICHT FÜR 4 PERSONEN

Dies ist ein schönes, frisches und leckeres Gericht für sonnige Sommertage. Servieren Sie am besten einen frischen Krautsalat und Brot, Reis oder vielleicht Süßkartoffeln dazu.

HÄHNCHEN

Holzspieße
4 Hähnchenbrustfilets mit Haut
etwas Olivenöl
Salz

SALSA

2 EL Sesam
¼ Ananas
1 grüne Chilischote
1 Handvoll Koriander
1 Handvoll Minze
2 Frühlingszwiebeln
Saft von 1–2 Limetten
3 EL flüssiger Honig
Salz

Die Spieße eine halbe Stunde ins Wasser legen, sodass sie auf dem Grill nicht verbrennen. Die Filets in jeweils 8 Stücke schneiden. Anschließend immer 4 Stücke, mit der Haut auf dieselbe Seite gewandt, zusammen auf 2 Spieße stecken. Fleisch mit Öl und Salz einreiben und die Spieße auf dem heißen Grill 10–15 Minuten grillen, bis das Fleisch durch ist. Mit der Hautseite beginnen und dann wenden.
Währenddessen den Sesam in einer trockenen, heißen Pfanne 1–2 Minuten rösten, bis er springt. Die Ananas schälen und in kleine Würfel schneiden, die Chili und die Kräuter fein hacken und die Frühlingszwiebeln in Röllchen schneiden. Ananas, Chili, Limettensaft, Honig, Koriander, Minze, Frühlingszwiebeln und Sesam vermischen. Mit Salz abschmecken.
Die gegrillten Spieße mit der Salsa und passenden Beilagen servieren.

Tipp

Werfen Sie Samen und Scheidewände der Chili weg, wenn Sie die Salsa nicht so scharf haben wollen.

Gegrillter Salat mit Ente & Szechuanpfeffer

HAUPTGERICHT FÜR 4 PERSONEN

Szechuanpfeffer ist scharf wie gewöhnlicher Pfeffer, hat aber viel mehr exotisches Aroma. Kaufen Sie das Gewürz im Asia-Shop oder an einem Gewürzstand. Servieren Sie den Salat so, wie er ist, oder mit Brot, Nudeln oder Reis.

DRESSING
1 EL Szechuanpfeffer
50 ml Weißweinessig
1 TL Zucker
2 TL Sesamöl

SALAT
2 rote Paprikaschoten
1 grüne Paprikaschote
3 rote Zwiebeln
2 Entenbrüste
Salz

Den Szechuanpfeffer in einer trockenen, heißen Pfanne leicht anrösten, bis er zu duften beginnt. Zerstoßen und mit Essig, Zucker und Sesamöl verrühren.
Paprika und Zwiebeln in Spalten schneiden. Zusammen mit den Entenbrüsten grillen. Die Entenbrust braucht insgesamt 15–20 Minuten, dabei regelmäßig wenden. Paprika und Zwiebeln sollten am besten feine Streifen bekommen – grillen Sie sie 4–6 Minuten. Alles salzen. Das Fleisch in dünne Scheiben schneiden und noch warm mit dem warmen Gemüse und dem Dressing vermengen. Den Salat auf einer großen Platte anrichten und sofort servieren.

BBQ-Wachteln

8 WACHTELN

Berechnen Sie 2 Wachteln pro Person, falls Sie die kleinen Vögel als Hauptgericht servieren wollen. Bohnen, ein amerikanischer Kartoffelsalat und ein leckerer Coleslaw sind gute Beilagen zu den Wachteln.

WACHTELN

75 g feiner brauner Zucker oder
90 g Muscovadozucker
40 g Salzflocken
3 EL getrockneter Oregano
1 TL Zimt
2 TL Cayennepfeffer
2 TL Chiliflocken
1 TL süßes geräuchertes Paprikapulver
1 TL Zwiebelpulver
8 Wachteln

BBQ-SAUCE

200 ml Ketchup
2 Knoblauchzehen
40 g feiner brauner Zucker
25 ml Apfelessig
2 EL Worcestersauce
1–2 EL Chipotle-Chilis in Adobo-Sauce
(aus der Dose; oder andere Chilis)

Zucker, Salz, Oregano, Zimt, Cayennepfeffer, Chiliflocken, Paprika- und Zwiebelpulver vermengen und die Mischung in einen Frischhaltebeutel geben.
Die Wachteln innen gründlich säubern und den Hals abschneiden. Dann etwas flach drücken und in den Beutel mit der Gewürzmischung geben. Die Gewürze gut einkneten und mindestens 20 Minuten bei Zimmertemperatur oder über Nacht im Kühlschrank ziehen lassen.
Ketchup, durchgepressten Knoblauch, Zucker, Essig, Worcestersauce und Chipotle in einen Topf geben und aufkochen lassen, bis der Zucker schmilzt.
Die Wachteln auf dem heißen Grill ca. 20 Minuten grillen, bis sie durch sind (am Schenkel testen, ob das Fleisch gar ist). Dabei die Wachteln gut herunterdrücken und regelmäßig wenden. Ich grille sie anfangs gern bei direkter Hitze und lasse sie dann bei indirekter Hitze fertig grillen. In den letzten Minuten mit BBQ-Sauce bestreichen.
Sofort mit vielen Servietten servieren.

Schweinefleisch

Schweinefleisch

Gegrillte Meatballs mit süß-saurer Sauce

FLEISCHSNACK FÜR 4 PERSONEN

Ich weiß nicht, ob das Wort Fleischsnack überhaupt existiert, aber essen Sie die Fleischbällchen einfach, wie sie sind … Und nennen Sie sie Vorspeise, wenn Sie wollen.

MEATBALLS
Holzspieße
500 g Schweinehackfleisch
1 Handvoll Koriander
2 EL Fischsauce
1 TL fein geriebener Ingwer
1 TL fein gehackte Chilischote

SÜSS-SAURE SAUCE
80 g frische Ananas
1 Knoblauchzehe
1 TL gehackter Ingwer
Öl
150 ml Ketchup
40 g Zucker
50 ml Ananassaft
1–2 EL Essig
1 ½ TL Maisstärke
einige Frühlingszwiebelröllchen
etwas Sesam

Die Spieße eine halbe Stunde ins Wasser legen, sodass sie auf dem Grill nicht verbrennen. Das Fleisch mit gehacktem Koriander, Fischsauce, Ingwer und Chili vermengen. 16 golfballgroße Fleischbällchen formen und auf einem sehr heißen Grill 10–15 Minuten grillen, bis sie ganz durch sind. Vor oder nach dem Grillen auf Spieße stecken. Ananas und Knoblauch schälen und fein hacken. Knoblauch und Ingwer in etwas Öl in einem Topf kurz kräftig anbraten. Sie sollten nicht braun werden. Ketchup, Zucker, Ananassaft, Essig und Ananas dazugeben und die Sauce aufkochen lassen. Maisstärke mit 2 EL Wasser vermischen und in die Sauce einrühren. Falls nötig, mit mehr Zucker abschmecken. Die Fleischbällchen mit süß-saurer Sauce servieren und mit Frühlingszwiebelröllchen und Sesam bestreuen.

Tipp Sie können diesen „Fleischsnack“ auch als Hauptgericht verwenden. Servieren Sie am besten Krautsalat oder gedämpftes Gemüse und Reis dazu. Nicht ganz so grillmäßig, aber gut!

Grillwürstchen

6–8 STÜCK

Verwenden Sie die Würstchen als eigenständiges Gericht. Berechnen Sie 2 Würstchen pro Person oder servieren Sie sie als Hot Dog, wenn Sie ein echter kulinarischer Angeber sind.

400 g Schweinehackfleisch
2 TL Salz
1 kleine Zwiebel
1 EL getrockneter Thymian
½ TL Piment
60 g Weizenmehl
250 ml kalte Milch (oder Wasser)
1 Ei
1–2 m ausgespülter Schweinedarm

Das Schweinefleisch mit Salz, geriebener Zwiebel, Thymian, Piment, Mehl, Milch oder Wasser und Ei vermengen. Die Farce sollte etwas dünner sein als für Frikadellen.
Die Farce in einen Spritzbeutel mit großer Tülle geben und den Darm auf die Tülle ziehen (oder die Farce in einen Fleischwolf mit Wurstfüller geben und den Darm über den Wurstfüller ziehen). Die Farce in den Darm füllen. Er sollte nicht zu stark oder dicht gefüllt sein. Immer, wenn die gewünschte Länge einer Wurst erreicht ist, den Darm verdrehen. Die Farce reicht bei mir für 6–8 Würstchen. Fortfahren, bis keine Füllung mehr da ist.
Die Enden mit einem kleinen Knoten im Darm schließen und die Würstchen sofort auf den Grill legen.
Bei mittlerer Hitze grillen, bis sie schön durchgebraten und knusprig sind. Das dauert ca. 15 Minuten. Prüfen Sie, ob sie in der Mitte nicht mehr roh sind. Nach Belieben ein paar Räucherbriketts auf den Grill legen, um der Wurst besonderen Pfiff zu geben.

Tipp

Würstchen sollten am selben Tag verzehrt werden, an dem sie gemacht wurden. Wenn Sie sie am Vortag machen wollen, gleich nach dem Füllen vorsichtig 10 Minuten kochen und am nächsten Tag auf den Grill legen.

Schweinefleisch

Burger Asian Style

4 STÜCK

Ein supereinfacher und etwas anderer Burger. Sie können stattdessen auch gut Sliders (kleine Burger) machen, wenn Sie mehrere verschiedene kleine Burger zur Auswahl haben möchten. Den großen Burger servieren Sie am besten mit Coleslaw oder einem frischen Salat.

BURGER
- 1 Bund Koriander
- 1 rote Chilischote
- 800 g Schweinehackfleisch
- 1 EL rote Currypaste
- 1 EL fein gehacktes Zitronengras
- 50 ml Fischsauce
- 4 EL geriebener Ingwer

AUSSERDEM
- 100 g Mayonnaise
- 2–3 TL rote Currypaste
- 1 EL Limettensaft
- 1 Eisbergsalat
- 3 Avocados
- 4 Burgerbrötchen
- süße Chilisauce

Den Koriander fein hacken. Die Chili ebenfalls hacken. Nach Belieben einige Samen entfernen, wenn der Burger nicht zu scharf sein soll.
Das Hackfleisch mit Koriander, Chili, roter Currypaste, Zitronengras, Fischsauce und Ingwer verrühren und das Fleisch zu 4 großen Burgern formen. Die Burger auf dem heißen Grill 8–10 Minuten grillen, bis sie durch sind. Währenddessen die Mayonnaise mit roter Currypaste und Limettensaft verrühren, den Salat klein schneiden und die Avocados schälen und in Scheiben schneiden. Die Burgerbrötchen anwärmen und mit der Mayonnaisemischung bestreichen. Gemüse und Fleisch in das Brötchen legen und sofort mit süßer Chilisauce servieren.

Tipp **Falls Sie selbst Burgerbrötchen backen wollen, siehe Seite 178.**

Hot Dogs mit Gurkenrelish

8 STÜCK

Ich bin ein großer Hot-Dog-Fan! Was soll ich sagen. Das Relish schmeckt auch in einem Hamburger gut, wenn man möchte, aber wirklich perfekt ist es in einem Hot Dog.

GURKENRELISH
2 Salatgurken
1 Zwiebel
1 EL Salz
100 ml Essig plus 1 EL Essig
85 g Zucker
1 ½ EL Maisstärke
1 rote Chilischote

HOT DOGS
8 gute Würstchen
evtl. Öl zum Braten
8 Hot-Dog-Brötchen (siehe Seite 177)
100 g Hartkäse, z. B. Gruyère
ein paar Zwiebelringe
Ketchup
Senf

Die Gurken und die Zwiebel grob reiben, in ein Sieb geben und mit Salz bestreuen. 30 Minuten abtropfen lassen.
100 ml Essig und Zucker aufkochen und köcheln lassen, bis der Zucker sich aufgelöst hat. Möglichst viel Flüssigkeit aus den Gurken und Zwiebeln drücken und in den Essigsud geben. 2 Minuten köcheln lassen. Die Maisstärke mit 1 EL Essig verrühren und in den Topf geben. Alles unter Rühren 1 Minute kochen lassen. Die Chili hacken, evtl. einige Samen und Samenwände entfernen, wenn das Relish nicht so scharf sein soll.
Die gehackte Chili zufügen und umrühren. Das Relish im Kühlschrank ganz abkühlen lassen.
Die Würstchen grillen. Die Brötchen anwärmen und halb durchschneiden und den Käse reiben. Wurst, Käse, Relish und Zwiebelringe in die Brötchen füllen und sofort mit Ketchup und Senf servieren.

Tipp Das Relish hält sich ein paar Tage im Kühlschrank.

Chili Dogs

16 STÜCK

Ein durch und durch klassisch amerikanischer Hot Dog. Würstchen mit Rindfleisch darauf! Wohl etwas, wozu die meisten Grill-Typen ihre eigene Meinung haben. Und ich muss sagen, dass ich auch ein großer Fan dieses Fleisch-mit-Fleisch-darauf-Gerichtes bin. Haben Sie es noch nie probiert? Dann seien Sie gespannt!

CHILI
1 Zwiebel
2 Knoblauchzehen
Olivenöl
300 g Rinderhackfleisch
2 EL Tomatenmark
2 EL Chipotle-Chilis in Adobo-Sauce (aus der Dose; oder andere Chilis)
100 g passierte Tomaten
Salz und Pfeffer
1 Prise Zucker
Salz

DOGS
16 gute Würstchen
16 Hot-Dog-Brötchen (siehe Seite 177)
300 g Cheddar
ein paar Löffel Crème fraîche light
1–2 rote Zwiebeln
Gewürzgurken

Zwiebel und Knoblauch hacken und in einer heißen Pfanne in Olivenöl kurz kräftig anbraten. Hackfleisch dazugeben und anbräunen lassen. Tomatenmark, Chipotle und passierte Tomaten zufügen und mit Salz und Pfeffer würzen. Das Chili 20–25 Minuten köcheln lassen. Abschmecken.
Die Würstchen und die Brötchen grillen. Den Cheddar reiben. Die warmen Brötchen mit geriebenem Käse und Würstchen füllen. Chili, Crème fraîche und fein gehackte Zwiebeln daraufgeben und sofort mit Gewürzgurken servieren.

Tipp

Falls Sie die Möglichkeit haben, eingelegte Gurken zu kaufen, die nicht süß, sondern salzig sind – greifen Sie zu! Denn die schmecken in jedem Fall am besten zu diesen Hot Dogs. Ich kaufe meine bei einem südländischen Gemüsehändler oder in einem polnischen Lebensmittelladen.

Gegrillter Speck mit Zwiebelsalat

3–4 PERSONEN

Ich bin ziemlich wild auf gebratenen Speck. Sicher auch mit Petersiliensauce, aber noch mehr in dieser Version mit einem frischen, süß-säuerlichen Zwiebelsalat. Das macht das Gericht auch sommerlicher (selbst wenn die meisten wohl das ganze Jahr über gebratenen Speck essen).

SPECK
600–800 g Schweinebauchscheiben
2 EL grobes Salz

ZWIEBELSALAT
50 ml Zitronensaft
2 EL Zucker
2 rote Zwiebeln
1 Bund glatte Petersilie

Den Speck auf beiden Seiten mit Salz bestreuen und bei Zimmertemperatur 15 Minuten ziehen lassen. Auf dem Grill braten, bis er ganz knusprig ist. Das dauert 15–20 Minuten, je nachdem, wie heiß der Grill ist. Regelmäßig wenden.
Währenddessen den Zitronensaft mit Zucker verrühren. Die Zwiebeln in ultradünne Scheiben schneiden und mit dem Dressing vermengen. Bis zum Servieren ziehen lassen. Die Petersilienblättchen abzupfen, grob hacken und kurz vor dem Servieren mit den Zwiebeln vermengen. Speck und Zwiebelsalat sofort servieren.

Tipp

Wenn es fast klassisch sein soll, können Sie Kartoffeln dazu servieren. Ansonsten versuchen Sie es mit gegrilltem Brot, zum Beispiel dem von Seite 181, oder einem großen Couscous-Salat mit vielen klitzekleinen Tomaten- und Gurkenwürfeln und massenhaft Minze.

Porchetta

REICHT FÜR 4–6 PERSONEN

Hier ist es wirklich clever, eine Rotisserie, also einen Drehspießaufsatz, zu besitzen. Aber falls Sie keine haben, können Sie den Braten auch gut in einer Aluschale zubereiten.

PORCHETTA
1 Schweinebauch mit Schwarte, ca. 2 kg
4 Knoblauchzehen
5 Rosmarinzweige
2 Handvoll glatte Petersilie
1 Handvoll Salbei
1 EL Fenchelsamen
25 ml Olivenöl
Salz und Pfeffer
Küchengarn
Folie

EVENTUELL
2 Zwiebeln
1 Fenchel

Die Schwarte evtl. einritzen. Den Schweinebauch mit der Fleischseite nach oben auf ein Brett legen.
Knoblauch, Rosmarinnadeln, Petersilie und Salbei hacken und die Fenchelsamen zerstoßen. Alles mit etwas Olivenöl vermischen und auf dem Schweinebauch verteilen. Mit reichlich Salz und Pfeffer würzen. Den Braten fest zusammenrollen und mit Küchengarn umwickeln. Außen mit Olivenöl und noch etwas Salz einreiben.
Die Porchetta auf eine Rotisserie stecken und diese mit glühenden Kohlen an jeder Seite auf den Grill setzen. Ein Stück Folie in die Mitte unter die Porchetta legen, sodass das Fett nicht in den Grill tropft. 2½–3½ Stunden braten, bis die Porchetta innen zart und außen knusprig ist.
ODER: Die Porchetta in eine Aluschale legen und ca. 2 cm Wasser hineinfüllen. Zwiebel- und Fenchelspalten an den Rand des Bratens legen. Die Schale bei indirekter Hitze und mit geschlossenem Deckel auf den heißen Grill legen und die Porchetta insgesamt 3–4 Stunden grillen. Währenddessen mehrmals wenden und Wasser zufügen, damit sie nicht austrocknet. Zum Schluss die Porchetta direkt auf den Rost legen, den Deckel vom Grill nehmen und die Porchetta rundherum goldbraun und knusprig grillen.
Das Küchengarn entfernen, den Braten in Scheiben schneiden und mit etwas Saft aus der Aluschale, falls Sie den Braten auf diese Weise zubereitet haben, und besonders gutem Olivenöl übergießen. Sofort servieren.

Tipp

Ich mag die Porchetta am liebsten mit einem großen, leckeren Salat und reichlich Brot und Wein.

Pulled-Pork-Sandwich

Pulled-Pork-Sandwich

SCHWEINEREI ALS HAUPTGERICHT FÜR 6 PERSONEN

Das unglaublichste Pulled Pork aller Zeiten habe ich bei Franklins in Austin gegessen. Auch wenn man dort manchmal mehrere Stunden warten muss (jepp, bereits mehrere Stunden bevor es öffnet, ist davor meist eine lange Schlange!) – gehen Sie niemals vorbei. Stellen Sie sich einfach an – das ist es wert. Ich werde Franklins Pulled Pork niemals schlagen können, aber meine Version ist wirklich auch die Mühe wert. Versprochen!

SCHWEINEFLEISCH
2 kg Schweinenacken, ohne Schwarte und Knochen
90 g Muscovadozucker oder 75 g feiner brauner Zucker
1 EL edelsüßes Paprikapulver
2 TL Chipotlepulver oder geräuchertes Paprikapulver
1 EL getrockneter Oregano
1½ EL Salz
1 EL fein gemahlene Espressobohnen
1 EL gemahlener Koriander
2 TL frisch gemahlener Pfeffer
etwas Öl

BBQ-SAUCE
5 Knoblauchzehen
4 EL fein gehackte Zwiebeln
etwas Öl zum Braten
600 g Ketchup
180 g Muscovadozucker oder 150 g feiner brauner Zucker
6 EL Apfelessig
2–3 EL Chipotle-Chilis in Adobo-Sauce (aus der Dose; oder andere Chilis)
50 ml gekochter Espresso
Salz

AUSSERDEM
¼ Rotkohl
Limettensaft
6 gute Burgerbrötchen
Mayonnaise
Korianderblättchen
Gewürzgurken

Den Braten vom gröbsten Fett befreien.
Zucker, Paprikapulver, Chipotlepulver, Oregano, Salz, Espresso, Koriander und Pfeffer vermengen und die Mischung in einen großen Frischhaltebeutel füllen. Das Fleisch in den Beutel geben und die Gewürzmischung ins Fleisch einmassieren. Das Fleisch im Kühlschrank 8–10 Stunden ziehen lassen.
Aus dem Kühlschrank nehmen und mit 1–2 EL Öl einreiben.
Der Braten sollte lange grillen, daher finde ich es vorteilhaft, in einen großen Kugelgrill rundherum Kohle zu legen. Man kann auch gut Räucherspäne darauflegen (ich mag am liebsten Kirschholz).
Anzünden und den Braten in einer Aluschale mit Tropfschale darunter mitten auf den Grill legen. Mit geschlossenem Deckel und einer einigermaßen konstanten Temperatur von 125 °C grillen lassen. Nach den ersten paar Stunden direkt auf den Grill legen (die aus dem Braten ausgetretene Flüssigkeit aufheben). Den Braten insgesamt 6–8 Stunden grillen lassen, bis er ganz mürbe ist und eine Kerntemperatur von 90 °C hat. Regelmäßig wenden. Dann das Fleisch 30–40 Minuten entspannen lassen.
Währenddessen den Knoblauch fein hacken und mit den Zwiebeln in etwas Öl in einem kleinen heißen Topf kurz kräftig braten. Sie sollten nicht braun werden. Ketchup, Zucker, Essig, Chipotle und Espresso zufügen und die Sauce 10 Minuten köcheln lassen. Mit Salz abschmecken.
Den Kohl in feine Streifen schneiden und mit etwas Limettensaft vermengen.
Das Fleisch mit zwei Gabeln auseinanderziehen, sodass schöne, mürbe Fasern entstehen. Die Oberfläche hat unglaublich viel Geschmack und ist ganz dunkel, und innen ist das Fleisch saftig und weich, vermischen Sie es also gut. Vor dem Servieren etwas Bratensaft und ein paar Löffel BBQ-Sauce unter das Fleisch mischen, sodass es schön saftig wird.
Die Brötchen anwärmen und mit Mayonnaise bestreichen. Mit Kohl, Fleisch, BBQ-Sauce, Koriander und Gewürzgurken füllen. Sofort servieren, am besten mit einem großen, knackigen Salat.

Tipp

Falls Sie den Braten lieber die ganze Zeit direkt auf dem Grill grillen wollen, können Sie etwas Ginger Ale oder Apfelsaft in das Pulled Pork geben, damit es richtig saftig und lecker wird.

Schweinekoteletts mit Pfirsich-Glace

HAUPTGERICHT FÜR 4 PERSONEN

Am liebsten esse ich diese Koteletts mit einem einfachen, säuerlichen Krautsalat. Servieren Sie auch gern gegrilltes Brot oder gegrilltes Gemüse dazu.

2 reife Pfirsiche
1 EL fein geriebener Ingwer
2 EL Limettensaft
2 EL Fischsauce
50 ml flüssiger Honig
2–3 TL fein gehackte rote Chilischote (nach Geschmack)
4 Schweinekoteletts, gerne mit Knochen
etwas Olivenöl
Salz

Die Pfirsiche halbieren und entsteinen. Mit der Hautseite nach unten auf den Grill legen und leicht grillen lassen, bis sich die Haut abziehen lässt. Das dauert 5–7 Minuten. Die enthäuteten Pfirsiche in eine Schüssel geben und mit Ingwer, Limettensaft, Fischsauce und Honig mixen. Die Sauce mit Chili abschmecken.
Währenddessen die Koteletts mit etwas Olivenöl bestreichen und auf dem heißen Grill 5–10 Minuten grillen, bis sie gerade durchgebraten sind, oder nach Geschmack. Während der letzten Grillminuten salzen und mit dem Pfirsichdressing bestreichen. Noch mehr Dressing daraufgeben und sofort servieren.

Tipp

Sie können für die Sauce auch Nektarinen oder Aprikosen verwenden.

Schweinefleisch mit Ingwer und Ginger Ale

8 SPIESSE – FLEISCH FÜR 3–4 PERSONEN

Servieren Sie diese Spieße als Teil eines Buffets oder verwenden Sie es als Hauptgericht, am besten mit Coleslaw oder einem knackigen Salat und evl. gegrillten Süßkartoffeln.

50 g Ingwer
1 Zitronengrasstängel
2 EL Rohrzucker
200 ml Ginger Ale
2 EL Sesamöl
800 g Schweinefleisch
Holzspieße
Salzflocken
1 Handvoll Thai-Basilikumblättchen

Den Ingwer schälen und reiben. Den untersten Teil des Zitronengrases abschneiden und die äußersten Blätter abschälen, beides wegwerfen. Das Zitronengras sehr fein hacken. Ingwer und Zitronengras mit Zucker, Ginger Ale und Sesamöl vermengen.
Das Fleisch würfeln, zusammen mit der Marinade in einen Frischhaltebeutel geben und 20 Minuten bei Zimmertemperatur oder über Nacht im Kühlschrank marinieren lassen.
Die Spieße für eine halbe Stunde ins Wasser legen, damit sie auf dem Grill nicht verbrennen.
Das Fleisch auf die Spieße stecken und diese auf dem heißen Grill grillen. Am besten erst über direkter Hitze bräunen und dann bei indirekter Hitze fertig braten lassen, bis sie durch sind. Das dauert 8–10 Minuten.
Sofort mit Salz und Thai-Basilikum bestreut servieren.

Tipp

Ginger Beer eignet sich auch wunderbar, falls Sie die Spieße nicht so süß haben wollen.

Schweinefilet mit Aprikose und Salbei

3–4 PERSONEN

Hier ist nicht soooo viel Fleisch pro Person vorgesehen, sorgen Sie also für sättigende Beilagen – am besten einen Bohnensalat oder einen schönen Kartoffelsalat und einen großen knackigen grünen Salat.

SALZ
2 EL Salzflocken
15 Salbeiblätter
5 Rosmarinzweige

SCHWEINEFLEISCH
1 Schweinefilet
Olivenöl
3 EL Aprikosenkonfitüre
Saft von ½ Zitrone

Salz, Salbei und Rosmarin in einem Mörser zerstoßen.
Das Schweinefilet von Sehnen und Häuten befreien und mit etwas Öl einreiben. Auf dem heißen Grill insgesamt ca. 20 Minuten grillen, bis die Kerntemperatur 75–80 °C beträgt. Regelmäßig wenden.
Konfitüre und Zitronensaft verrühren. Das fertige Filet mit der Hälfte der Marinade bestreichen und kurz mit Marinade weitergrillen.
Das Filet in Scheiben schneiden und die restliche Marinade und das Salz darübergeben. Sofort servieren.

Tipp

Das restliche grüne Salz kann im Kühlschrank aufbewahrt und für alles Mögliche verwendet werden, vom Hacksteak bis zum Fisch. Sie können es auch bei geringer Hitze im Ofen trocknen, dann ist es bei Zimmertemperatur lange haltbar.

BBQ-Ribs

REICHT FÜR 4 PERSONEN

RUB
90 g Muscovadozucker
1 EL gemahlener Kreuzkümmel
1 EL Knoblauchsalz
2 TL gemahlener Koriander
1 TL Cayennepfeffer
2 TL grobes Salz

RIPPCHEN
1 ½ kg Schweinerippchen
evtl. Wood Chunks oder Räucherbriketts

BBQ-SAUCE
150 g Ketchup
1 Knoblauchzehe
1 EL fein gehackte Zwiebeln
50 ml Apfelessig
2 EL Chipotle-Chilis in Adobo-Sauce (aus der Dose; oder andere Chilis)
45 g Muscovadozucker
50 ml flüssiger Honig
10 Tropfen Tabasco
Salz

Muscovadozucker, Kreuzkümmel, Knoblauchsalz, Koriander, Cayennepfeffer und Salz in einem großen Frischhaltebeutel miteinander vermischen.

Die dünne Haut auf der Rückseite der Rippchen entfernen. Sie lässt sich gut abziehen, fast wie ein Stück Plastik.

Die Rippchen in den Beutel geben und die Rub gründlich einkneten. Anschließend mindestens 5 Stunden, gerne bis zu 24 Stunden, im Kühlschrank ziehen lassen.

Die Rippchen herausnehmen und bei indirekter Hitze auf einen Rost über die Kohlen legen. 4–5 Stunden grillen, bis sie ganz mürbe sind – regelmäßig wenden. Zu Anfang der Grillzeit können gut Räucherbriketts aufgelegt werden.

Ketchup, fein gehackten Knoblauch, Zwiebeln, Essig, Chipotle, Muscovadozucker und Honig in einen Topf geben und aufkochen lassen. Mit Tabasco und Salz abschmecken und die Sauce abkühlen lassen.

Die Rippchen in den letzten 3–5 Minuten der Grillzeit mit BBQ-Sauce bestreichen. Mit weiterer BBQ-Sauce und vielen Servietten servieren.

Rindfleisch und mehr

Bluecheese Baconburger

4 STÜCK

Diesen Burger mache ich seit Jahren. Für mich gibt es nichts Besseres auf der Welt, als geschmolzener Blauschimmelkäse, der aus meinem Burger tropft (oder jedenfalls mit das beste).

150 g Blauschimmelkäse
150 g Frischkäse
Salz und Pfeffer
800 g Rinderhackfleisch

AUSSERDEM
150 g dünne Baconscheiben
4 Burgerbrötchen
Mayonnaise
1 rote Zwiebel
Salatherzen
Ketchup

Blauschimmelkäse und Frischkäse miteinander verrühren und mit Salz und Pfeffer abschmecken.
Das Fleisch in 8 gleich große Portionen aufteilen und zu ganz flachen Burgern formen. Die Käsemasse auf 4 der Burger verteilen und die übrigen vorsichtig darauflegen. Die Ränder zusammendrücken, sodass sich die Käsemasse in der Mitte des Fleischs befindet. Die Burger auf dem heißen Grill 10–15 Minuten grillen. Anschließend kontrollieren, ob das Fleisch durch ist. Mit Salz und Pfeffer würzen.
Den Bacon knusprig braten.
Die Brötchen aufschneiden und anwärmen. Mit Mayonnaise bestreichen und mit feinen Zwiebelringen, klein gezupftem Salat, Fleisch, Ketchup und Bacon füllen. Sofort servieren.

Gegrillter warmer Flankensteak-Salat

HAUPTGERICHT FÜR 4 PERSONEN

Servieren Sie richtig viel Brot zu diesem Salat. Verwenden Sie ihn als einzelnes einfaches Gericht oder servieren Sie ihn als Teil eines schönen Grillbuffets.

DRESSING
2 Tomaten
1 mittelscharfe rote Chilischote
2 kleine Schalotten
1 EL flüssiger Honig
Saft von 1 ½ Limetten
2 EL Worcestersauce
Salz
reichlich Pfeffer

SALAT
1 Zucchino
2 rote Paprikaschoten
2 rote Zwiebeln
2 Salatherzen
Olivenöl
600–800 g Flankensteak
Salz und Pfeffer
etwas Weißweinessig
reichlich frisch gehackter Koriander

Die Tomaten oben kreuzweise einschneiden. Tomaten und Chili bei starker Hitze auf den Grill legen. Grillen, bis sie Farbe bekommen haben und die Haut sich zu lösen beginnt. Beides enthäuten, die Tomaten halbieren und die Kerne mit einem Löffeln entfernen. Tomaten und Chili mit grob gehackten Schalotten, Honig, Limettensaft und Worcestersauce mixen. Mit Salz und reichlich Pfeffer abschmecken.
Zucchino in schräge Scheiben, Paprika, Zwiebeln und Salatherzen in Spalten schneiden. Mit etwas Olivenöl vermengen und auf den heißen Grill legen. Das Flankensteak ebenfalls grillen, bis es rosa ist. Wenn Sie ein Bratenthermometer verwenden, sollte es eine Kerntemperatur von 56 °C anzeigen. Mit Salz und Pfeffer würzen und in Streifen schneiden. Das heiße Fleisch mit dem Dressing vermengen.
Salatherzen und Gemüse anrichten, salzen und mit Essig beträufeln. Das Fleisch und reichlich Koriander darübergeben. Sofort servieren.

Nierenzapfen mit Chimichurri

HAUPTGERICHT FÜR 4 PERSONEN

Nierenzapfen ist der Muskel, der die Nieren festhält. Er schmeckt sehr lecker und intensiv nach Fleisch! Und er eignet sich gut zum Grillen, weil er am besten nur für kurze Zeit sehr stark erhitzt werden soll. Bestellen Sie Nierenzapfen im Voraus bei Ihrem Metzger, dann können Sie sicher sein, dass Sie auch welche bekommen.

CHIMICHURRI
50 ml Rotweinessig
100 ml Olivenöl
2 Knoblauchzehen
2 Handvoll fein gehackter Koriander
1 Handvoll fein gehackte glatte Petersilie
1 kleine Handvoll fein gehackter Oregano
1 rote Chilischote
Salz

FLEISCH
600–800 g Rindernierenzapfen
etwas Olivenöl
Salz und Pfeffer

Essig, Öl, durchgepressten Knoblauch, Koriander, Petersilie, Oregano und fein gehackte Chili vermengen und das Chimichurri mit Salz abschmecken.
Die gröbsten Sehnen der Nierenzapfen entfernen und das Fleisch mit etwas Öl einreiben. Auf einem sehr heißen Grill insgesamt 7–10 Minuten grillen, bis sie außen gut gegrillt und in der Mitte noch rosa sind. Sie dürfen definitiv nicht zu lange grillen, also geben Sie acht. Mit Salz und Pfeffer würzen.
Das Fleisch in Scheiben schneiden und mit Chimichurri anrichten.

Tipp

Süßkartoffeln, ein amerikanischer Kartoffelsalat (siehe Seite 163) oder grobes Brot und ein bunter Salat sind gute Beilagen zu diesem Gericht.

Rostbraten mit Basilikum

HAUPTGERICHT FÜR 4 PERSONEN

Für dieses einfache Gericht können Sie alle möglichen Rindfleischteile verwenden, vom Roastbeef bis zum Nierenzapfen.

800 g Rostbraten
Olivenöl
Salz
50 ml flüssiger Honig
50 ml Balsamico
50 ml Olivenöl
1 Handvoll Basilikumblätter
1 rote Zwiebel
reichlich (1–2 EL) frisch gemahlener Pfeffer
noch mehr dünne rote Zwiebelringe
noch mehr Basilikumblätter

Den Braten mit etwas Olivenöl einreiben und kurz bei sehr starker Hitze grillen. Dann auf indirekte Hitze verrücken und grillen, bis er rosa ist (56–58 °C Kerntemperatur).
Währenddessen Honig, Essig, Olivenöl, Basilikum und in dünne Ringe geschnittene Zwiebel vermischen. Die Marinade mit reichlich (!) schwarzem Pfeffer würzen.
Den Braten in Scheiben schneiden und das warme Fleisch in die Marinade geben. Sofort mit mehr Zwiebelringen und Basilikum bestreut servieren.

Tipp

Das Gericht schmeckt super mit gegrilltem Brot und einem frischen, knackigen Salat – oder sogar einem altmodischen Kartoffelsalat. Bier dazu ist fast ein Muss!

Gegrilltes Steaksandwich mit eingemachten Zwiebeln

4 STÜCK

Auch wenn Sie gar kein Sandwich machen wollen, tun Sie sich den Gefallen und machen Sie die Zwiebeln ein. Sie schmecken super zu fast allem, von Frikadellen und gegrilltem Fisch bis zu Burgern und Salaten.

EINGEMACHTE ZWIEBELN
300 g kleine rote Zwiebeln oder Schalotten
100 ml Balsamico
50 ml Rotwein
100 ml Honig
ein paar Thymianzweige

SANDWICH
3–4 gute Steaks
Salz und Pfeffer
8 Scheiben Sauerteigbrot
Olivenöl
200 g würziger Käse in Scheiben
2 Salatherzen
2 Tomaten
Salz und Pfeffer

Die Zwiebeln schälen. Essig, Rotwein, Honig und Thymian in einen Topf geben. Aufkochen und die Zwiebeln in den Sud geben. 15–20 Minuten köcheln lassen. Die Zwiebeln im Sud abkühlen lassen.
Die Steaks auf dem heißen Grill so grillen, wie Sie sie mögen. Mit Salz und Pfeffer würzen. Das Brot mit gutem Olivenöl beträufeln und auf der anderen Seite grillen. 4 Scheiben Brot mit Käse, Fleischscheiben, klein gezupftem Salat und Tomatenscheiben belegen (auf der gegrillten Seite). Mit Salz und Pfeffer würzen und mit Olivenöl beträufeln. Die „Deckel" darauflegen und die Sandwichs noch einmal auf beiden Seiten grillen, dabei gern herunterdrücken.
Die Sandwichs mit eingemachten Zwiebeln servieren.

Teriyaki-Rindfleischsalat

VORSPEISE FÜR 4 PERSONEN

Hier ist ein einfaches Rezept für Teriyaki-Sauce. Man kann sie auch fertig kaufen, dann haben Sie fast die einfachste Vorspeise der Welt.

TERIYAKI-SAUCE
100 ml Sojasauce
2 EL Reiswein
45 g Rohrzucker
1 Knoblauchzehe
20 g Ingwer

SALAT
400 g superdünne Scheiben Rindfleisch (gerne Filet oder Lende)
etwas Öl zum Braten
1 EL Sesam
150 g Mizuna-Salat
½ Bund Frühlingszwiebeln
etwas Limettensaft
etwas Salz

Sojasauce, Reiswein, Zucker, fein gehackten Knoblauch und fein geriebenen Ingwer mit 50 ml Wasser in einen Topf geben und aufkochen. 5 Minuten köcheln und dann abkühlen lassen. Überschüssige Teriyaki-Sauce kann im Kühlschrank bis zu 1 Woche aufbewahrt werden.

Das Rindfleisch in etwas Öl wenden und auf einem knallheißen Grill auf jeder Seite ganz kurz grillen. Das heiße Fleisch mit 4–6 EL der Teriyaki-Sauce, Sesam, Salat und in feine Röllchen geschnittenen Frühlingszwiebeln vermengen. Mit Limettensaft und Salz abschmecken und sofort servieren.

Tipp Servieren Sie Reis dazu und verwenden Sie das Gericht als Hauptspeise für 2 Personen.

T-Bone-Steak mit geräucherter Tomatenbutter

4 PERSONEN

Dies ist wirklich ein Steak für Fleischesser. Ich muss gestehen, dass ich es oft ein wenig langweilig finde, „nur" Rindfleisch zu essen. Aber diese geräucherte Tomatenbutter auf einem T-Bone macht mich so unglaublich glücklich, und ich fühle mich das ganze Steak hindurch gut unterhalten.

TOMATENBUTTER
2 Tomaten
1 Handvoll Räucherbriketts
1 EL flüssiger Honig
2 TL Salzflocken
etwas gehackter Thymian
100 g weiche Butter

AUSSERDEM
4 T-Bone-Steaks
etwas Öl zum Bestreichen
Salz und Pfeffer

Die Tomaten unten kreuzweise einschneiden. Mit dem Kreuz nach oben und dem Strunk nach unten auf den heißen Grill mit den Räucherbriketts über indirekte Hitze legen. Mit geschlossenem Deckel 7–10 Minuten räuchern. Etwas abkühlen lassen. Die Tomaten enthäuten, vierteln und entkernen. Das Tomatenfleisch hacken und zusammen mit Honig, den leicht zerstoßenen Salzflocken und Thymian in die weiche Butter einrühren. Die Butter vor Gebrauch kalt stellen. Falls sich etwas Flüssigkeit von den Tomaten absetzt, diese wegschütten.
Die Steaks mit etwas Öl bestreichen und auf dem heißen Grill grillen – gerne zuerst genau auf dem Fettrand.
Nach Geschmack grillen, bis sie medium rare sind.
Die Steaks mit Salz und Pfeffer würzen, Tomatenbutter daraufgeben und sofort servieren.

Tipp

Das kleine feine Stück Fleisch neben dem Knochen ist die Lende. Legen Sie es ganz außen auf den Grill, wo die Hitze am geringsten ist, wenn das Steak gebräunt ist. Es ist nämlich etwas schneller fertig als der Rest. Auf diese Weise bekommen Sie das perfekte Steak.

Rindfleisch
und mehr

Lammkebab mit Harissadressing

3–4 PERSONEN

Harissa ist ein superscharfer Chilidip, der gut zu diesen Lammkebabs, einem Falafelsandwich, einem Burger oder anderem passt, das Sie etwas verschärfen wollen! Aber es IST scharf, also passen Sie auf. Servieren Sie gerne einen leckeren Couscous-Salat oder eine Schüssel gegrilltes Gemüse und ein gutes gegrilltes Brot dazu.

HARISSA
10–15 getrocknete rote Chilischoten (nicht die schärfsten, die zu finden sind)
2 Knoblauchzehen
1 TL Salz
3 EL Olivenöl
1 TL gemahlener Kreuzkümmel
1 TL gemahlener Kümmel
3 EL Zitronensaft
1 EL Tomatenmark

AUSSERDEM
etwas glatte Petersilie
Zitronenspalten

KEBAB
800 g Lammhackfleisch
2 TL Salz (oder nach Geschmack)
1 EL gemahlener Kreuzkümmel
2 grüne Chilischoten
3 Knoblauchzehen
1 TL Garam Masala
1 Handvoll gehackter Koriander
1 Handvoll gehackte glatte Petersilie
3 EL Zitronensaft
etwas Olivenöl
evtl. Holzspieße

HARISSA: Die Chilis in grobe Stücke schneiden. Stiele und Samen wegwerfen und die Chilis in eine hitzebeständige Schüssel geben. Mit kochendem Wasser übergießen und 30 Minuten ziehen lassen. Das Wasser abgießen und die Chilis mit Knoblauch, Salz, Olivenöl, Kreuzkümmel, Kümmel, Zitronensaft und Tomatenmark mixen. Das geht am einfachsten in einer Küchenmaschine oder mit einem Blitzhacker.

KEBAB: Das Fleisch mit Salz, Kreuzkümmel, gehackter Chili (ohne Samen), durchgepresstem Knoblauch, Garam Masala, Koriander, Petersilie und Zitronensaft vermengen. Kleine längliche „Frikadellen“ formen und mit etwas Olivenöl einreiben. Auf dem heißen Grill 6–8 Minuten grillen, bis sie durch sind, und evtl. vor dem Servieren auf Spieße stecken.
Sofort mit gehackter glatter Petersilie bestreut und mit Harissa und Zitronenspalten daneben servieren.

Tipp

Füllen Sie überschüssiges Harissa in einen Behälter, gießen Sie etwas Olivenöl darauf und verschließen Sie ihn. Das Harissa hält sich im Kühlschrank bis zu 1 Monat.

Lammbratwürstchen

REICHT FÜR 3–4 PERSONEN

Ich finde, es macht viel Spaß, Würstchen zu machen! Es ist nicht besonders schwer, und dabei wirklich beruhigend, genau zu wissen, was drin ist. Diese Bratwürstchen sind mit Lammfleisch und Gewürzen gemacht, und sie schmeckt lecker in einem Hot Dog, zum Beispiel mit Chilisauce und Zwiebeln oder in einem Fladenbrot mit Tomate, Gurke und etwas gewürztem Joghurt. Oder man schnabuliert sie einfach mit grobem Senf, während man mehr Essen grillt.

500 g Lammhackfleisch
2 TL Salz
1 kleine Zwiebel
2 Knoblauchzehen
1 TL mildes Chilipulver
1 TL zerstoßene Fenchelsamen
1 TL Garam Masala
1 TL gemahlener Kreuzkümmel
1 Ei
60 g Weizenmehl
250 ml kalte Milch (oder Wasser)
2–3 m ausgespülter Darm

Das Lammhackfleisch mit Salz vermengen. Die Zwiebeln reiben, den Knoblauch durchpressen und zusammen mit den restlichen Zutaten (bis auf den Darm) einrühren, sodass die Farce etwas dünner als Frikadellenfarce ist.
Die Farce in einen Spritzbeutel mit großer Tülle geben und den Darm auf die Tülle ziehen (oder die Farce in einen Fleischwolf mit Wurstfüller geben und den Darm über den Wurstfüller ziehen). Die Farce in den Darm füllen. Er sollte nicht zu stark oder prall gefüllt sein. Falls Sie statt einer großen Bratwurst lieber kleine Bratwürstchen wollen, den Darm jedes Mal verdrehen, wenn die gewünschte Länge einer Wurst erreicht ist. Fortfahren, bis keine Füllung mehr da ist.
Die Enden mit einem kleinen Knoten im Darm schließen und die Würste sofort auf den Grill legen.
Über mittlerer Hitze grillen, bis sie schön durchgebraten und knusprig sind. Sofort mit Beilagen servieren.

Tipp

Würstchen sollten am selben Tag verzehrt werden, an dem sie gemacht wurden. Wenn Sie sie am Vortag machen wollen, gleich nach dem Füllen vorsichtig 10 Minuten kochen und am nächsten Tag auf den Grill legen.

Gewürzte Lammkoteletts

HAUPTGERICHT FÜR 4 PERSONEN

Servieren Sie die Koteletts mit einem leckeren Couscous-Salat, geröstetem Gemüse oder einfach einem großen knackigen Salat und gegrilltem Brot. Oder vielleicht mit den Auberginen von Seite 26?

RUB
1 TL gemahlener Piment
½ TL gemahlene Nelken
1 EL geriebener Ingwer
1 TL gemahlener Zimt
½–1 TL Cayennepfeffer
2 EL Salz
90 g Muscovadozucker oder 75 g feiner brauner Zucker
evtl. etwas Olivenöl

LAMM
8–12 kleine Lammkoteletts
evtl. etwas Olivenöl
etwas gehackte Petersilie
Zitronenspalten

Alle Zutaten für die Rub vermischen. Rub und Lammkoteletts in einen großen Frischhaltebeutel geben, verschließen und die Gewürzmischung gut ins Fleisch einkneten. Die Koteletts über Nacht im Kühlschrank oder 30 Minuten bei Zimmertemperatur ziehen lassen.
Die Koteletts evtl. mit etwas Olivenöl einreiben und auf einem mittelheißen Grill so grillen, wie Sie sie mögen (ich finde, rosa sind sie ganz klar am besten, und das dauert nicht mehr als 4–7 Minuten).
Die Lammkoteletts mit Petersilie bestreuen und mit Zitronenspalten servieren.

Tipp **Die Rub eignet sich auch gut für Lammribs (siehe Seite 132).**

In Heu geräuchertes Lamm mit Honig & Thymian

REICHT FÜR 4 PERSONEN

Dieses Gericht habe ich für eine Fernsehsendung gemacht. Seitdem habe ich es viele Male wiederholt, weil es supereinfach zu machen ist. Ich esse das Lammfleisch in einem Pita- oder Fladenbrot mit Unmengen von Minze, Petersilie und einem Joghurtdressing. Oder mit einem schönen Buchweizensalat, zum Beispiel dem von Seite 29.

LAMM
2 Lammhüften aus der Keule, ca. 400 g
5 Knoblauchzehen
8 Rosmarinzweige
3–4 EL Salzflocken
Heu

ZUM BESTREICHEN
200 ml Bier
1 EL flüssiger Honig
Salz

Den Grill so vorbereiten, dass nur auf der einen Seite heiße Kohlen liegen (oder so, dass Platz ist, das Lamm bei indirekter Hitze zu garen).
Knoblauch, Rosmarinnadeln und Salz in einem Mörser zerstoßen. Ins Fleisch einkneten (vor allem auf der Fleischseite).
Das Lamm so auf den Grill legen, dass keine Kohle darunter ist. 2–3 Heubündel winden und neben dem Lamm auf den Rost über die heiße Kohle legen. Sofort den Deckel des Grills schließen und den Schieber halboffen stehen lassen.
Das Fleisch räuchern, bis es eine Kerntemperatur von ca. 50 °C hat. Das dauert 10–15 Minuten, aber behalten Sie es gut im Auge.
Bier, Honig und Salz verrühren und das Fleisch mit der Marinade bestreichen. Anschließend weiter garen, bis das Fleisch eine Kerntemperatur von 58–60 °C hat. Das dauert weitere 5–10 Minuten, aber überprüfen Sie die Temperatur.
Währenddessen immer wieder mit Marinade bestreichen und dann den Deckel sofort wieder schließen, damit das Heu nicht verbrennt.
Das Fleisch in dünne Scheiben schneiden und sofort servieren.

Tipp

Das geräucherte Lammfleisch schmeckt auch kalt als leckerer Brotbelag.

Lammribs mit Gurkenrelish

REICHT FÜR 4 PERSONEN

Bestellen Sie bei Ihrem Metzger eine Lammdünnung mit Rippen und bitten Sie ihn, den Querknochen abzuschneiden. Dann ist es einfach, die Dünnung und die Rippen zu zerteilen. Ich finde sie mit dieser einfachen Würzung und einem guten Gurkenrelish dazu sehr lecker. Aber wenn man mehr Geschmack im Fleisch haben will, kann man auch Garam Masala und vielleicht etwas Cayennepfeffer zusammen mit dem Kreuzkümmel verwenden.

LAMM
ca. 1,5 kg Lammrippchen
(Lammdünnung mit Rippen)
Olivenöl
1 EL gemahlener Kreuzkümmel
Salz

RELISH
1 Salatgurke
1 Handvoll Minze
1 Knoblauchzehe
25 ml Olivenöl
Saft von 1 Zitrone
Salz

Die Dünnung in rustikale Stücke mit jeweils einem Knochen darin schneiden (aber natürlich auch die Stücke verwenden, die aus reinem Fleisch bestehen). Das Fleisch mit etwas Olivenöl, Kreuzkümmel und Salz einreiben und die Rippchen über indirekter Hitze 1–1½ Stunden grillen. Stellen Sie am besten eine Auffangschale darunter, denn die Lammrippchen sind sehr fett.
Wenn Sie mürbe sind, evtl. noch kurz über direkter Hitze grillen, sodass sie eine leckere, knusprige Oberfläche bekommen.
Währenddessen die Gurke längs aufschneiden, mit einem Teelöffel entkernen und in sehr kleine Würfel schneiden. Mit grob gehackter Minze, fein gehacktem Knoblauch, Olivenöl und Zitronensaft vermengen und mit Salz abschmecken. Die Lammrippchen mit Gurkenrelish servieren. Denken Sie an Servietten!

Tipp

Gegrilltes Brot und ein großer Salat, am besten mit gegrilltem Gemüse, passen super zu diesen Rippchen.

Salat mit gegrillter Kalbsleber

LEICHTES HAUPTGERICHT FÜR 4 PERSONEN

Ich bin ein großer Fan von Leber. Besonders, wenn sie gegrillt ist. Wenn ich in Altherrenlaune bin, esse ich sie ganz klassisch mit gebratenen Äpfeln, weichen Zwiebeln und viel Bacon. Aber wenn ich eher in Damenlaune bin, ist dieser Salat das Richtige. Das ist er übrigens auch, wenn Sie Nicht-Leber-Esser davon überzeugen wollen, dass Leber richtig lecker ist!

LEBER
500 g Kalbsleber in Scheiben
etwas Olivenöl
Salz

SALAT
25 ml Weißweinessig
2 EL flüssiger Honig
4 EL Olivenöl
1 rote Zwiebel
2 Äpfel
200 g Mischsalat
Salz und Pfeffer

BEILAGE
rustikales Brot

Die Leberscheiben mit etwas Olivenöl einreiben und auf einem sehr heißen Grill auf beiden Seiten grillen. Sie sollten feine Streifen bekommen, aber immer noch leicht rosa sein. Das dauert 4–8 Minuten, je nachdem, wie heiß der Grill ist und wie dick die Scheiben sind.
Die Leberscheiben salzen und kurz vor dem Servieren in Streifen schneiden.
Essig mit Honig und Olivenöl verrühren. Zwiebel in Ringe und Äpfel in Scheiben schneiden. Mit Salat und dem Dressing vermengen.
Mit Salz und Pfeffer würzen und die Leber unter den Salat mischen.
Sofort mit gutem Brot servieren.

Tipp **Ich finde es toll, wenn die Apfel- und Zwiebelscheiben ganz dünn sind, daher schneide ich sie mit einer Mandoline.**

Gegrillte Kalbsnieren & Feigen

VORSPEISE FÜR 4 PERSONEN

Ja, ich weiß! Sie denken, Nieren sind nichts für Sie! Aber sie sind wirklich gut! Bestellen Sie welche bei Ihrem Metzger – er kann sie auch für Sie küchenfertig machen. Oder machen Sie es selbst, indem Sie die Nieren aufschneiden, den kleinen Strang in der Mitte entfernen und sie nach Blut überprüfen. Kurz mit Wasser abspülen. Servieren Sie die Nieren als Vorspeise. Ich verspreche Ihnen, sie sind lecker!

GLACE
50 ml flüssiger Honig
100 ml Balsamico

NIEREN
2 Kalbsnieren
etwas Olivenöl
Salz
6–8 frische Feigen
1 große Handvoll Kerbelblättchen

Honig und Balsamico bei mittlerer Hitze in einem Topf aufkochen lassen. 10–15 Minuten köcheln lassen, bis die Glace eingedickt ist. Abkühlen lassen.
Die Nieren aufschneiden und die Adern und Drüsen in der Mitte entfernen (falls das der Metzger noch nicht getan haben sollte). Die Nieren in Scheiben schneiden und in etwas Öl wenden.
Auf den heißen Grill legen und salzen. Sie sollten insgesamt 5–6 Minuten grillen. Die Feigen halbieren, ebenfalls mit etwas Öl einreiben und ein paar Minuten grillen.
Nieren und Feigen mit Kerbel und ein paar Löffeln Balsamico-Glace vermengen und mit noch etwas Salz abschmecken.
Sofort servieren.

Tipp **Falls Sie Lammnieren bekommen, sollten Sie sie unbedingt probieren!**

Süßes

und

Drinks

S' Mores

EINE MENGE, ABER NIE GENUG!

Wenn man einen Grill oder ein Feuer angezündet hat, kommt man um gegrillte Marshmallows nicht herum (ich grille meine Marshmallows sogar über einer Gasflamme, wenn es keine andere Möglichkeit gibt). Hier in bester amerikanischer Manier mit Keks und Schokolade = S' Mores. Ich bin ein großer Fan davon!

1 Tüte Marshmallows
1 Packung Kekse
gute dunkle Schokolade

Ein geeignetes Stöckchen anspitzen. Ein Marshmallow darauf stecken. Über offenem Feuer goldbraun und weich rösten. Das heiße Marshmallow zusammen mit einem Stück Schokolade zwischen zwei Kekse klemmen und sofort genießen!

Tipp **Vollkornkekse, Haferkekse oder auch eine Packung Butterkekse eignen sich gut dafür.**

Gegrillte Ananas mit Rum & Zitronengras

DESSERT FÜR 4 PERSONEN

Gegrillte Ananas ist immer gut. Einfach so, wie sie ist, mit einem leckeren Vanilleeis oder vielleicht ein bisschen Ahornsirup. Aber diese sündhafte Rumsauce ist einfach zum Jubeln. Und dann noch die Ananas dazu, dann bin ich absolut glücklich! Wenn Sie noch Vanilleeis daraufgeben, reiße ich die Hände in die Luft!

Holzspieße
1 Zitronengrasstängel
200 ml brauner Rum
25 ml Limettensaft
100 g Palmzucker oder Rohrzucker
1 EL kalte Butter
1 Ananas

Die Spieße eine halbe Stunde ins Wasser legen, damit sie auf dem Grill nicht verbrennen.
Den unteren Teil des Zitronengrases abschneiden und die äußeren Blätter entfernen. Oben 4–6 cm abschneiden. Den verbleibenden feinen, hellen Teil des Zitronengrases fein hacken und zusammen mit Rum, Limettensaft und Zucker in einen Topf geben. 5–10 Minuten kochen. Die kalte Butter dazugeben, den Topf vom Herd nehmen und die Butter mit der Sauce verquirlen.
Währenddessen Spitze und Boden der Ananas sowie die Schale abschneiden und die Ananas vierteln. Den groben Strunk herausschneiden und die Ananas in insgesamt 8–12 längliche Stücke schneiden. Auf Spieße stecken und auf dem heißen Grill grillen, bis die Stücke hübsche Grillstreifen bekommen und durchgehend erhitzt sind.
Die gegrillte Ananas mit lauwarmer Rumsauce übergießen und sofort servieren.

Tipp

Die Rumsauce schmeckt auch unverschämt lecker auf Obstsalat.

Gegrilltes Bananensplit

6 STÜCK

Es ist so altmodisch wie es überhaupt sein kann, aber wenn Bananensplit serviert wird, bleibt kein Auge trocken. Besonders nicht in dieser gegrillten Version, mit supersüßen, weichen Bananen und ganz viel Liebe! Es wird perfekt, wenn man die Bananen auf den Grill legt, während man das Hauptgericht isst.

DULCE DE LECHE
1 Dose Kondensmilch

BANANEN
6 Bananen
1 l Vanilleeis
Unmengen von Himbeeren
gehackte Pistazien

Das Etikett der Kondensmilchdose ablösen und mit einem Dosenöffner zwei Löcher in den Deckel der Dose stechen. In einen Topf mit kochendem Wasser geben, das fast bis zum Rand der Dose reicht. Die Dose 4–6 Stunden kochen. Dabei aufpassen, dass die ganze Zeit über Wasser im Topf ist. Die Dose etwas abkühlen lassen. Öffnen und die Karamellmasse verrühren.
Die Bananen auf den heißen Grill legen und grillen, bis sie ganz schwarz sind. Das dauert 5–15 Minuten, je nachdem, wie viel Hitze sie bekommen.
Die heißen Bananen mit einem kleinen Messer aufschneiden und mit Eis und Himbeeren füllen.
Dulce de leche und gehackte Pistazien darübergeben und sofort servieren.

Tipp

In gutsortierten Supermärkten kann man fertiges Dulce de leche bekommen – dann ist es auf einmal das einfachste Dessert der Welt!

Brownie mit gesalzenen Nüssen

REICHT FÜR 6–8 PERSONEN

In dieser Version eines Brownies sind die Nüsse nicht im Kuchen, sondern obendrauf. Ich finde, die gesalzenen Nüsse schmecken fantastisch zu dem süßen, weichen Kuchen. Wenn Sie ein Räucher-Fan sind, können Sie ihnen auch ein wenig Rauch verpassen …

KUCHEN
125 g Butter
200 g dunkle Schokolade
3 Eier
300 g Zucker
Mark von ½ Vanillestange
150 g Weizenmehl
3 EL Kakaopulver
Öl oder Butter für die Form

GESALZENE NÜSSE
100 g gemischte Nüsse, z.B. Mandeln, Pistazien, Cashewkerne, Hasel- oder Erdnüsse
1 EL feines Salz

TOPPING
200 g dunkle Schokolade
25 g weiche Butter
1 EL Sahne

BROWNIE: Den Ofen auf 180 °C vorheizen. Butter und Schokolade bei geringer Hitze zusammen schmelzen und etwas abkühlen lassen. Eier, Zucker und Vanillemark schaumig schlagen. Die Eiermasse mit der Schokolade verrühren. Mehl und Kakao hineinsieben und rühren, bis alles gut vermischt ist.
Eine Form (25 x 25 cm) einfetten, den Boden mit Backpapier auslegen und den Teig hineingeben. Den Kuchen 20–30 Minuten backen. Ganz abkühlen lassen.

NÜSSE: Nüsse, 50 ml Wasser und Salz in einer grillfesten Schüssel oder einer Aluschale vermengen. Die Nüsse auf dem heißen Grill mit geschlossenem Deckel grillen bzw. backen, gerne auch Räucherbriketts auflegen. Die Nüsse grillen, bis sie trocken und knusprig sind. Regelmäßig wenden. Ganz abkühlen lassen und dann grob hacken.

TOPPING: Die Schokolade bei geringer Hitze oder im Wasserbad schmelzen. Von der Hitzequelle nehmen und die weiche Butter nach und nach einrühren. Zum Schluss die Sahne zufügen. Die Schokoladenmasse auf dem abgekühlten Kuchen verteilen. Mit grob gehackten Nüssen bestreuen und die Schokoladenmasse abkühlen lassen, bevor der Kuchen in Stücke geschnitten und serviert wird.

Tipp Sie können den Kuchen ganz fertig machen, abdecken und bis zum nächsten Tag kalt stellen, falls Sie die Hände für Ihre Gäste und Ihren Grillhandschuh frei haben möchten.

Pfannkuchen mit gegrillten Früchten

8–10 STÜCK

Beachten Sie, dass Sie für dieses Rezept eine Pfanne benötigen. Falls Sie keine Pfanne für den Grill haben, backen Sie die Pfannkuchen drinnen und grillen Sie die Früchte draußen. Dieses Rezept reicht nur (!) für 8–10 Pfannkuchen … vielleicht essen Sie so viel wie ich, rechnen Sie also hoch, wenn Sie ein hungriger Typ sind.

PFANNKUCHEN
300 ml Milch
2 Eier
85–110 g Roggenmehl
120 g Weizenmehl
1 ½ TL Backpulver
2 TL gemahlener Kardamom
2 EL Zucker
1 Prise Salz
etwas Öl oder Butter

FRÜCHTE
z. B. Banane, Ananas, Melone, Erdbeere, Pfirsich und Aprikose
reichlich Ahornsirup
evtl. einige Minzeblättchen

Milch und Eier verquirlen. Roggenmehl (mit 85 g beginnen), Weizenmehl, Backpulver, Kardamom, Zucker und Salz vermengen und die Mehlmischung in die Eiermasse einrühren. Falls notwendig, evtl. mehr Mehl zufügen.
Eine Pfanne mit Öl oder Butter einfetten und in der heißen Pfanne kleine Pfannkuchen backen. Sie sind bereit zum Wenden, wenn die Oberfläche feine Blasen wirft.
Große Fruchtstücke grillen, bis sie durchgehend erhitzt sind und hübsche Grillstreifen haben. Die gegrillten Früchte in mundgerechte Stücke schneiden und mit reichlich Ahornsirup und evtl. einigen Minzeblättchen vermengen. Die Pfannkuchen mit warmen gegrillten Früchten servieren.

P.S.

Es ist keine Strafe, dass Roggenmehl in den Pfannkuchen ist – ich verspreche Ihnen, dass es nicht auffällt. Die Pfannkuchen sind auf jeden Fall absolut sündhaft und lecker.

Gegrillter Grapefruit-Margarita

4 STÜCK

Dieser Margarita ist einer meiner klassischen Grilldrinks. Ich liebe es, ihn zu machen (oder meine Gäste anzuleiten, ihn zu machen) und natürlich auch, ihn zu trinken.

3 Pink Grapefruits
Eiswürfel
5 cl Cointreau (Orangenlikör)
100 ml Tequila
3–4 EL Agavensirup

Die Grapefruits halbieren und auf dem heißen Grill mit der Schnittfläche nach unten grillen, bis sie Grillstreifen haben.
Den Saft der Früchte durch ein Sieb in eine große Schüssel oder Kanne mit Eiswürfeln pressen und mit Cointreau und Tequila vermischen.
Mit Agavensirup abschmecken und sofort servieren.

Tipp

Agavensirup wird aus einer Pflanze, die in heißen, trockenen Gebieten heimisch ist, gewonnen und ist süßer als normaler Zucker. Der Sirup ist außerdem praktisch, weil er sich gut in kalter Flüssigkeit auflöst, er ist also perfekt für Drinks. Falls Sie keinen Agavensirup haben, können Sie Zuckersud verwenden, siehe Seite 156.

Gegrillter Mojito

4 DRINKS

Eine schöne Art, Drinks für viele zu machen. Ich verwende einen großen Keramikkrug oder ein großes, dickes Einmachglas und mache Drinks für meine Gäste, während wir grillen.

10 Limetten (natürlich bio)
4 Handvoll Minze
45 g Rohrzucker
200–300 ml brauner Rum
Crushed Ice
Mineralwasser

Die Limetten halbieren und mit der Schnittfläche nach unten auf dem heißen Grill grillen, bis sie Grillstreifen haben. Zusammen mit Minze und Rohrzucker in einen großen Krug oder eine Kanne mit dickem Boden geben. Limetten und Minze mit einem Holzstößel (oder Kochlöffelstiel) zerdrücken oder eine Zitruspresse verwenden und den Saft in die Kanne pressen.
Rum und viel Eis zufügen und nach Belieben mit Mineralwasser aufgießen. Sofort servieren.

Tipp **Der Drink schmeckt auch ohne Rum als superfrische Limonade sehr lecker.**

Ball

Süßes ★ und Drinks

Gegrillter Pfirsich-Smash

6 PERSONEN

Es ist nicht nötig, für dieses Rezept den teuersten Schaumwein der Stadt zu nehmen. Aber verwenden Sie gerne einen trockenen, weil das Ganze sonst schnell zu süß wird, jedenfalls für meinen Geschmack.

6 reife Pfirsiche
1 Handvoll Minzeblättchen
2 EL flüssiger Honig
½ Flasche Cava, Prosecco, Champagner oder anderer Schaumwein
Eiswürfel

Die Pfirsiche halbieren und entkernen. Auf dem heißen Grill grillen, besonders auf der Schnittfläche. Die Pfirsiche sollen weich und lecker sein – also geben Sie ihnen insgesamt 5–7 Minuten. Etwas abkühlen lassen, in Würfel schneiden und in 6 Gläser mit dickem Boden füllen.
Minze in die Gläser geben und mit Honig beträufeln. Die Pfirsiche mit einem Holzstößel oder Kochlöffelstiel zerdrücken.
Mit Schaumwein und Eis auffüllen und sofort servieren.

Gegrillte Ananaslimonade

ETWA 1 LITER

Diese Limonade ist frisch, süß und wunderbar sommerlich. Ich finde es toll, dass sie so dick ist, und trinke sie gerne eiskalt mit Strohhalm.

ZUCKERSUD
255 g Zucker

LIMONADE
1 Ananas
250 ml Zitronensaft (frisch gepresst)
reichlich Eiswürfel

Zucker und 300 ml Wasser in einem Topf zum Kochen bringen und den Zucker auflösen lassen. Den Zuckersud im Kühlschrank ganz abkühlen lassen.
Boden und Spitze der Ananas abschneiden. Die Schale entfernen und wegwerfen. Die Ananas vierteln, den Strunk herausschneiden und wegwerfen.
Die Ananas auf dem heißen Grill grillen, bis sie Grillstreifen hat. Dann grob zerkleinern und mit 300 ml Zuckersud, 500 ml kaltem Wasser und Zitronensaft mixen.
Die Ananaslimonade mit reichlich vielen Eiswürfeln servieren.

Tipp

Der Zuckersud lässt sich mehrere Tage im Voraus zubereiten und eignet sich auch für Drinks, z. B. wenn Sie keinen Agavensirup haben. Machen Sie also am besten viel!

Thai-Basilikum-Wodka-Limonade

ETWA 1 LITER

Dieser Drink ist von einem selbst gemachten Sodawasser inspiriert, das ich einmal bei Pok Pok in Brooklyn bekommen habe.
Der süßliche, würzige Basilikumgeschmack passt perfekt in einen Drink und schmeckt an einem heißen Sommertag besonders fantastisch.

4 große Handvoll Thai-Basilikum
170 g Zucker
50 ml Limettensaft
100 ml Wodka

Basilikum, Zucker und 800 ml Wasser in einen Topf geben und 10 Minuten kochen. Die Platte abstellen und den Sud weitere 15 Minuten ziehen lassen.
Den Sud durch ein Sieb gießen und das Basilikum wegwerfen.
Mit Limettensaft abschmecken und kalt mit Wodka servieren.

Tipp **Sie können einen solchen Drink auf dieselbe Art auch mit Limettenblättern oder Zitronengras machen.**

Bonus

Bonus

Amerikanischer Kartoffelsalat

REICHT FÜR 4 PERSONEN

Hier ist meine dänische Version eines amerikanischen Kartoffelsalats. Ich liebe ihn, und er ist besonders lecker zu BBQ!

1 Bund Frühlingszwiebeln
2 Eier
2 TL Zwiebelpulver
100 ml neutrales Speiseöl, z. B. Rapsöl
Salz
800 g gekochte Kartoffeln
5–6 Gewürzgurken
1 rote Paprikaschote
3 hartgekochte Eier
3 Selleriestangen

Die Hälfte der Frühlingszwiebeln in grobe Stücke schneiden. Mit den ganzen Eiern und dem Zwiebelpulver in einer Küchenmaschine mixen. Nach und nach das Öl in einem dünnen Strahl zufügen, sodass das Dressing dick wie Mayonnaise wird. Mit Salz abschmecken.
Kartoffeln in mundgerechte Stücke schneiden, Gewürzgurken und Paprika würfeln, Eier und restliche Frühlingszwiebeln hacken und Sellerie in Scheiben schneiden. Alles mit dem Dressing vermischen und mit Salz abschmecken.

Bonus

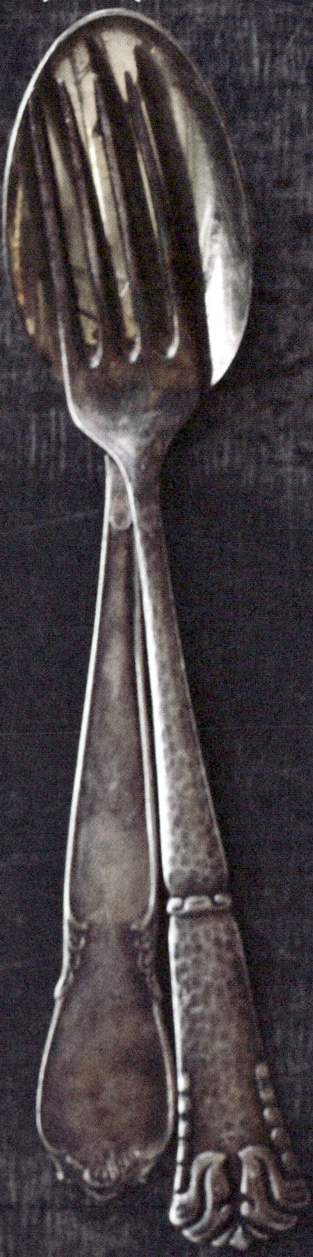

Coleslaw

REICHT FÜR 4 PERSONEN

Man kann nichts dagegen tun. Man MUSS einfach sehr oft Coleslaw essen, wenn man grillt. Zumindest, wenn man BBQ auf dem Grill hat.

DRESSING
100 g Mayonnaise
3–4 EL Weißweinessig
1 TL Zucker
1 TL Salz
½ TL durchgepresster Knoblauch
evtl. 1 TL zerstoßene Selleriesamen
Salz

AUSSERDEM
½ Sommerweißkohl, ca. 700 g
2 Möhren

Mayonnaise, Essig, Zucker, Salz, Knoblauch und evtl. Selleriesamen verrühren. Abschmecken, ob das Dressing mehr Säure, Salz oder Zucker braucht.
Den Kohl in feine Streifen schneiden oder grob reiben. Die Möhren schälen und reiben und alles mit dem Dressing vermengen. Erneut abschmecken und den Coleslaw 15 Minuten bei Zimmertemperatur oder bis zum Servieren im Kühlschrank ziehen lassen.

Bonus

Fermentierter Kohl

2 GLÄSER

Dies ist fermentierter Kohl in seiner allereinfachsten Form. Sie können ihn würzen, wie auch immer Sie wollen, z. B. mit etwas Ingwer und Knoblauch, Kümmel, Koriander, Chili, Limette, Zitrone und evtl. Fischsauce. Vielleicht nicht alles auf einmal, aber eine leckere, einfache Kombination. Sie können übrigens alle Arten von Kohl, Wurzel- und Knollengemüse, Zwiebeln oder was Sie sonst da haben verwenden. Er ist einfach eine tolle Beilage zu Gegrilltem (und noch dazu so verdammt gesund!).

½ Weißkohl
1 EL Salz

Den Kohl in Streifen schneiden und mit Salz in einer Schüssel mit den Händen durchkneten. Es sollte viel Flüssigkeit austreten. Den Kohl in ein ausgespültes Glas geben, dabei das Glas nicht ganz füllen. Die Flüssigkeit vom Kohl darübergießen und einen Deckel darauflegen (nicht schließen). Den Kohl auf die Küchenablage stellen, sodass er zu fermentieren beginnt. Er kann 3–30 Tage stehen bleiben. Ich mag ihn am liebsten nach ca. 1 Woche. Wenn der Kohl so ist, wie Sie ihn mögen, den Deckel schließen und das Glas in den Kühlschrank stellen. Er wird weiterhin fermentieren, aber nicht mehr so schnell. Den Kohl für Hot Dogs, Salate und Sandwichs verwenden.

Bonus

Ketchup

1 FLASCHE

Es ist ganz einfach, Ketchup selbst zu machen. Und auch wenn eine Menge Zucker darin ist, ist es gesünder und besser als gekauftes. Aber hey – natürlich ist es auch okay, die Gerichte mit gekauftem Ketchup zu machen …

1 kleine Zwiebel
1 Knoblauchzehe
2–3 EL Olivenöl
3 reife Tomaten
300 g passierte Tomaten
75–110 g feiner brauner Zucker
100 ml Essig, am besten Apfelessig
Salz

Zwiebel und Knoblauch hacken und in Olivenöl kurz kräftig braten. Sie sollten nicht braun werden. Die Tomaten würfeln, dazugeben und 1 Minute leicht mitbraten. Passierte Tomaten, Zucker, Essig und Salz zufügen und das Ketchup 10 Minuten köcheln lassen. Mixen. Abschmecken und abkühlen lassen. In eine saubere Flasche füllen. Es hält sich 1–2 Wochen im Kühlschrank.

Tipp

Das Ketchup schmeckt etwas anders, wenn es kalt ist. Es ist daher eine gute Idee, 1 TL des heißen Ketchups in den Gefrierschrank zu stellen, um es dann zu probieren – so können Sie den Geschmack noch justieren, bevor Sie es in die Flasche füllen.

Bonus

Slow Ketchup

1 FLASCHE

Dieses Ketchup ist kräftig und lecker. Es schmeckt intensiv nach Tomate und passt richtig gut zu allem, von Hot Dogs bis zu Rühreiern. Und es ist supereinfach zu machen.

1 kg kleine Tomaten, gerne verschiedene Sorten
3 EL flüssiger Honig
Salz
3–4 EL fein gehackte Schalotten
2 EL Thymianblättchen
4–6 EL Apfelessig
3 EL Olivenöl
evtl. gehackte Chilischote
Pfeffer

Die Tomaten durchschneiden und mit der Schnittfläche nach oben in eine Grillschale legen. Honig, Salz, Schalotten, Thymian, Essig und Öl und evtl. Chili darübergeben und bei indirekter Hitze 3–4 Stunden grillen, bis sie sehr weich sind (oder bei 120 °C Ober-/Unterhitze für 5 Stunden in den Ofen stellen).
Die Tomaten mit dem ausgetretenen Saft mixen. Mit Salz, Pfeffer und Apfelessig abschmecken. Das heiße Ketchup in eine saubere Flasche oder ein sauberes Glas füllen. Es hält sich 1–2 Wochen im Kühlschrank.

Tipp

Sie müssen die Tomaten natürlich nicht zu Ketchup mixen. Sie können sie auch so, wie sie sind, in einem Salat essen.

Bonus

Selbst gemachter Senf

1 KLEINES GLAS

Diesen Senf macht man am besten einen Tag im Voraus, sodass er durchziehen und sein Aroma richtig entfalten kann.

80 g gelbe Senfkörner
40 g braune Senfkörner
50 ml Apfelessig
1 TL Salzflocken
90 g Muscovadozucker oder 75 g feiner brauner Zucker

Die Senfkörner in einem Mörser zerstoßen, evtl. portionsweise. Die Körner sollten ziemlich stark zerstoßen sein; der Senf darf zwar gerne grob sein, aber das wird er eigentlich sowieso – haben Sie also Geduld und benutzen Sie Ihre Muskeln.
Essig, Salz und Zucker in einem Topf erwärmen, bis Salz und Zucker sich aufgelöst haben. Den Topf von der Platte nehmen und die zerstoßenen Senfkörner einrühren.
Den Senf in ein sauberes Glas füllen und bis zum nächsten Tag in den Kühlschrank stellen.

Thymiansenf

1 KLEINES GLAS

Supereinfach und trotzdem gut – ein Senf mit einer persönlichen Note.

220 g Dijon-Senf
50 ml flüssiger Honig
2 EL fein gehackte Thymianblättchen

Senf, Honig und Thymian miteinander verrühren. Abschmecken, ob der Senf süß genug ist. Den Senf in ein sauberes Glas füllen und im Kühlschrank aufbewahren. Er passt zu allem, von Koteletts bis zu leckeren Würstchen.

Bonus

Salsa Romesco

SAUCE FÜR ALLERLEI

Diese Salsa passt sowohl zu Fisch als auch zu Fleisch super. Aber sie eignet sich auch als Dip zu knusprigem Gemüse oder für ein Sandwich. Sie hält sich bis zu 3 Tage im Kühlschrank.

GEMÜSE
2 Tomaten
2 rote Paprikaschoten
3 Knoblauchzehen
2 rote Chilischoten
etwas Olivenöl

AUSSERDEM
50 g geschälte Mandeln
3–4 EL Olivenöl
1–2 EL Sherryessig
Salz
1 Prise Zucker

Jede Tomate unten kreuzweise einschneiden und auf ein mit Backpapier belegtes Backblech legen. Die Paprikaschoten halbieren und entkernen. Zusammen mit Knoblauch (mit Schale) und den ganzen Chilis mit der Hautseite nach oben auf das Backpapier legen. Das Gemüse mit etwas Öl beträufeln und im Ofen mit Grillfunktion bei 200 °C ca. 10 Minuten backen, bis es dunkel ist und die Haut sich löst. Die Paprika evtl. etwas länger im Ofen lassen.
Das Gemüse etwas abkühlen lassen und dann Tomaten, Paprika, Knoblauch und Chili enthäuten. Nach Belieben ein paar Chilisamen wegwerfen, sodass die Salsa nicht zu scharf wird. Die Tomaten halbieren und entkernen.
Das Gemüse und die geschälten Mandeln in einen Mixer oder einen Blitzhacker geben und mixen. Mit Öl, Essig, Salz und Zucker abschmecken.
Die Salsa vor Gebrauch kalt stellen.

Tipp

Falls Sie nicht alle Häute von dem Gemüse entfernen können, ist das okay – Hauptsache, der Großteil ist weg. Ich finde die Salsa gerade gut, wenn sie etwas rustikal ist.

Bonus

Hot-Dog-Brötchen

ETWA 20 STÜCK

Ich bin mir absolut nicht zu fein, Hot Dogs in gekauften Brötchen zu machen, aber die selbst gebackenen sind einfach immer besser – also falls Sie Zeit haben … backen Sie!

25 g frische Hefe
75 g Zucker
2 TL grobes Salz
75 g Butter
550 g Weizenmehl und etwas zum Ausrollen
ca. 250 g Roggenmehl
1 Ei

Die Hefe in 500 ml lauwarmem Wasser auflösen. Kein Wasser aus dem Hahn verwenden, sondern etwas Wasser aufkochen und mit kaltem Wasser vermischen, bis es ca. 37 °C warm ist. Die Butter zerlassen.
Zucker, Salz, zerlassene Butter und zum Schluss Mehl zufügen. Vielleicht brauchen Sie nicht das ganze Mehl. Man sollte den Teig auf jeden Fall glänzend und glatt kneten können. Den Teig 1 Stunde bei Zimmertemperatur gehen lassen.
Dann den Teig in ca. 20 Stücke teilen und zu länglichen Hot-Dog-Brötchen formen. Ziemlich dicht zusammen auf ein Backblech legen, sodass sie beim Backen „zusammenwachsen" und weiche Seiten bekommen. Die Brötchen ca. 1 Stunde gehen lassen. Ei mit 2 EL kaltem Wasser verquirlen und die Brötchen damit bestreichen. Bei 220 °C 10–15 Minuten backen, bis sie goldbraun sind. Die Brötchen aus dem Ofen nehmen und auf einem Rost abkühlen lassen.

Tipp **Die Hot-Dog-Brötchen lassen sich gut einfrieren.**

Bonus

Burgerbrötchen

15–30 STÜCK, JE NACH GRÖSSE

Burgerbrötchen oder kleine Burgerbrötchen für Sliders sind einfach zu machen. Ich verwende denselben Teig wie für die Hot-Dog-Brötchen und steche ihn in der gewünschten Größe aus.

25 g frische Hefe
75 g Zucker
2 TL grobes Salz
75 g Butter
550 g Weizenmehl und etwas zum Ausrollen
ca. 250 g Roggenmehl
1 Ei
evtl. Sesam

Die Hefe in 500 ml lauwarmem Wasser auflösen. Kein Wasser aus dem Hahn verwenden, sondern etwas Wasser aufkochen und mit kaltem Wasser vermischen, bis es ca. 37 °C warm ist. Die Butter zerlassen.
Zucker, Salz, zerlassene Butter und zum Schluss Mehl zufügen. Vielleicht brauchen Sie nicht das ganze Mehl. Man sollte den Teig auf jeden Fall glänzend und glatt kneten können. Den Teig 1 Stunde bei Zimmertemperatur gehen lassen.
Den Teig 1–2 cm dick ausrollen und Brötchen in gewünschter Größe ausstechen. Die Brötchen auf der Arbeitsfläche 1 Stunde gehen lassen.
Ei mit 2 EL kaltem Wasser verquirlen und die Brötchen damit bestreichen. Falls gewünscht mit Sesam bestreuen.
Die Brötchen bei 220 °C 10–15 Minuten backen, bis sie goldbraun sind (etwas kürzer, wenn es Sliders sind). Aus dem Ofen nehmen und auf einem Rost abkühlen lassen. Genießen!

Bonus

Gegrilltes Fladenbrot

EINE GANZE MENGE BROT!

FLADENBROT
25 g frische Hefe
100 g griechischer Joghurt
480 g Vollkorn-Weizenmehl
480–600 g Weizenmehl
2 EL Salz
etwas Öl für den Grill

ÖL
50 ml Olivenöl
3 Knoblauchzehen
etwas gehackte Petersilie

Die Hefe in 800 ml lauwarmem Wasser auflösen. Kein Wasser aus dem Hahn verwenden, sondern etwas Wasser aufkochen und mit kaltem Wasser vermischen, bis es ca. 37 °C warm ist. Joghurt und beide Mehlsorten zufügen und den Teig mindestens 5 Minuten kneten, bis er sich von den Rändern der Schüssel löst. Die Menge von Wasser und Mehl kann etwas variieren.
Salz einkneten und den Teig im Kühlschrank zugedeckt 12–24 Stunden gehen lassen.
Den Teig zu kleinen, flachen Broten formen und auf einem sehr heißen eingeölten Grill auf jeder Seite 3–4 Minuten grillen, bis sie sich lösen.
Währenddessen Olivenöl mit durchgepresstem Knoblauch und Petersilie verrühren. Die heißen Brote mit dem Knoblauchöl bestreichen und sofort servieren.

Bonus

Geräucherte Mandeln

GENUG FÜR EIN PAAR BIER

Ich liebe geräucherte Nüsse. Mandeln sind der Klassiker, aber verwenden Sie die Nüsse, die Sie am liebsten mögen.

300 g Mandeln
2 EL feines Salz
1–2 Räucherbriketts

Die Mandeln mit 25 ml Wasser und Salz vermengen. In eine Grillschale mit Löchern legen oder eine Aluschale mit einer Gabel einstechen. Die Schale bei indirekter Hitze auf den heißen Grill stellen. Räucherbriketts über die heiße Kohle auf den Rost legen und den Deckel des Grills schließen. Die Mandeln ca. 10 Minuten räuchern – ab und zu umrühren. Die Räucherbriketts wegnehmen. Die Mandeln ohne Deckel unter Rühren fertig rösten, bis sie knusprig sind. Vor dem Essen abkühlen lassen.
Man kann die Mandeln trocken bei Zimmertemperatur bis zu 2 Wochen aufbewahren.

Tipp

Verwenden Sie die Mandeln als Snack zu einem Bier, in Salaten oder als Topping auf einem sündhaften Schokoladenkuchen.

Bonus

Rub mit geräucherten Pilzen

1 KLEINES GLAS

Dies ist eine simple Rub, die nicht süß ist, wie ich es sonst gerne habe. Stattdessen hat sie besonders viel Umami-Geschmack von den Pilzen. Verwenden Sie sie für ein Stück Hähnchen, ein Hacksteak oder ein Kotelett. Reiben Sie das Fleisch einfach mit ein wenig von dieser Mischung ein, bevor Sie es grillen. Es schmeckt sooooo gut!

15 g getrocknete Pilze
1 TL getrockneter Thymian
1 EL getrockneter Oregano
2 TL (geräuchertes) Salz

Zuerst die Pilze in einer Kaffeemühle oder einem Blitzhacker zerkleinern. Thymian, Oregano und Salz dazugeben und alles zusammen mixen.
Die Rub in einem dicht schließenden Glas bis zu ein paar Monaten aufbewahren.

Tipp

Sie können geräuchertes Salz kaufen, es aber selbstverständlich auch auf dem Grill selbst räuchern. Einfach das Salz ein wenig anfeuchten, in eine hitzebeständige Schüssel füllen, Räucherbriketts auf den Grill legen und den Deckel schließen. Simpel und lecker. Achten Sie unbedingt darauf, dass das Salz ganz trocken ist, bevor Sie es in ein Glas füllen.

REGISTER

Register

H

I

K

L

DANKE

**Vielen Dank für Verleih & Service,
Kleidung & schöne Dinge**

BROSTE
brostecopenhagen.com

DANEFÆ
Classensgade 4
DK-2100 Kopenhagen
danefae.dk

EMILIE HENRY / THUESEN JENSEN
über
GURLI ELBÆKGAARD/FORMVERK
Thorshavnsgade 12
DK-2300 Kopenhagen S
formverk.com

NANNA CATHRINE OLESEN
pigsinapie.dk

SUPERDRY
superdry.de

THE TRAVELLING BAND
Hellerupvej 12
DK-2900 Hellerup
thetravellingband.dk

**Wenn Sie ein richtiger Grill-Nerd
werden wollen, schauen Sie bei**
WEBER
webergrill.de

IMPRESSUM

Text: Louisa Lorang

Lektorat: Marie Holm

Verlagslektorat: Julie Egemar und Trine Ravn

Layout, Satz und Cover: Ann-Britt Balle

Das Buch wurde mit Bodoni, PMV Caecilia und Helvetica gesetzt

Fotos: Anders Schønnemann, außer Foto Seite 7: Skovdal & Skovdal

Ausstattung: Nanna Cathrine Olesen, Pigs in a pie

Reproduktion: Highlight A/S

Die dänische Originalausgabe erschien 2014 unter dem Titel „Grillbar" bei Lindhardt og Ringhof Forlag A/S.

Für die deutsche Ausgabe:

Übersetzung: Julia Gschwilm

Satz und Covergestaltung: Arnold und Domnick, Leipzig

Korrektorat: Bettina Snowdon

Programmleitung & Produktmanagement: Susanne Klar, Christine Rauch

Druck & Bindung: Livonia, Lettland

1. Auflage 2015

ISBN: 978-3-7724-7393-7 • Best.-Nr. 7393